ミュケーナイ　円形墓地

トロイア　黄金の装身具

ミュケーナイ　いわゆる「アガメムノーン」の黄金の仮面

新潮文庫

古代への情熱

—シュリーマン自伝—

シュリーマン

関　楠生訳

新潮社版

2423

目次

古代への情熱

――シュリーマン自伝――

写真提供
口絵　表　サンポージャーナル
　　　裏　ＮＨＫ
本文　ＮＨＫ

初版のまえがき

忘れることのできない夫が死んでからわずか数週間後に、F・A・ブロックハウス氏から、夫の著書『イーリオス』の中に含まれている自伝を、今までよりもっと一般向けのものにして出したいという申し入れを受けたとき、私は、この計画をお断わりすべきではないと思いました。ハインリヒ・シュリーマンの歩んだ人生、彼の生涯をかけた仕事、そしてこのたびの彼の突然の死に対して、至るところから、また同じ専門のかたがたや友人以外からも広く寄せられたご好意に報いるためにだけでも、お断わりしてはならないと思ったのです。このつらい時期に、私たちがトロイアとミュケーナイでいわば手探りで仕事にとりかかったときのこと、そして私たちの労苦が成功で報いられたときのことをあれこれと記憶によみがえらせるのは、私にとって悲しいながらもうれしいことでした。しかし、どうしても筆が進まないときもあるものです。それで私は、ブロックハウス氏のこの計画を、昨年トロイア滞在中に亡夫と親密になられたアルフレート・ブリュックナー博士にお願いして実行していただくことにしました。自伝の補足完成は同博士の手に成るものです。

アテーナイにて、一八九一年九月二十三日

ソフィア・シュリーマン

第九版のまえがき

シュリーマンの死後まもなく、彼の未亡人は出版者のすすめに応じて、『自伝』をアルフレート・ブリュックナーに補完してもらって出版した。夫人のこの挙は、夫の祖国の人々が故人の意志と活動にますます理解を示すようになってきていることに対する感謝を意味した。と同時に、彼の人柄の全体像を示そうという意図もあった。彼の研究者としての後世に残る業績を、カール・シュフハルトがすでに彼の生前にまとめたのも、同じ意図から出ている(『シュリーマンの発掘』一八八九年—一八九二年)。一九三六年の第二版に付された編者の序文は、シュリーマンの真の姿が消えてしまいそうになったその後のほぼ半世紀の時の流れに、橋をかけわたす役割を果した。

今またこの『自伝』の第九版を世に出せるということは、小説めいた彼の伝記類が氾濫《はんらん》しつつある現状を考えれば、ますます、この偉大な商人にして発掘者なる人物の生涯について、うそいつわりのないところを知りたいという要求が世間一般にあることを証明している。この自伝は、自力で遠大な目標をたて、偉大な成果を収めた、一つの完結した人格の像を浮びあがらせる。この人物は実に、金もうけというむきだしの現実主義から、目的を持たない学問研究という典型的な理想主義へと成長をとげたのである。したがってこの自伝は、現代の不安にさらわれて確信を失った多くの同時代人に、新しい支えと新しい自信とを与えうるであろう。約六万通にのぼる書簡と十八冊の日記という厖大《ぼうだい》な遺稿を整理した結果、彼の自伝が事実のうえで信頼できることがおおむね実証されたのであってみれば、なおさらその感を深くする。

一方、シュリーマンという人物とギリシア先史時代に関する彼の諸発見は、学問上の観点から再びいっそう問題にされるように、また世間一般の関心をさらに強く惹《ひ》くように、なってきている。それは、新たな成果をあげると共に、それまで十分評価されていなかったシュリーマンの観察の数々を裏づけたアメリカ隊のトロイア発掘（一九三二年—一九三八年）によることはもちろんだが、とりわけ、イギリスおよびギリシアによるミュケーナイの調査によるところが多い。この調査に際して、紀元前一六〇〇年の時代の竪穴墓《たてあなぼ》を含む円形埋葬地の驚異的発見がなされたのである。それは、構造においても、黄金の装飾品、飾り壺《つぼ》および武器などが豊富に納められていた点においても、八十五年まえにシュリーマンの手で城の内側で発掘された紀元前一五〇〇年ころの円形墓地とよく似ていた。さらに、五年ほどまえ、ちょうど世紀の変り目ごろにクレータ島で、またその後ピュロスとミュケーナイでも発見された、いわゆる線文字Bで記されている陶板が解読された。それによって、紀元前十三世紀の初期ギリシアの言語と文字を用いたテキストがもたらされたのである。このことを確認して、イギリスの解読者はミュケーナイにおけるシュリーマンの偉大な業績に敬意を払わざるをえず、その画期的な著書を、ミュケーナイ研究の創始者シュリーマンに捧《ささ》げたのである。結局のところ、近年急激に増大したドイツ人旅行者の波も、同じ風潮に帰せられる。彼らは、ギリシアと古くから文化的に結ばれているという一体感から、われわれの古典主義詩人たちの時代のように、ギリシア人の国を魂で求めるだけではもはや満足できず、ホメーロスの国を訪れ、またその際シュリーマンとその後継者の発掘地をも自分の目で見たいと望むのである。

ベルリンにて、一九六〇年十二月

エルンスト・マイヤー

少年時代と、商人としての人生行路（一八二二年―一八六六年）

私がこの本を書くにあたって私自身の身の上話から始めるのは――とハインリヒ・シュリーマンはその著『イーリオス』のまえがきで述べている――なにも虚栄心からではなく、一つの願いがそうさせるのである。つまり、私の後半生の活動はすべて、私がまだほんの子どもだったころに受けたいくつかの感銘によって規定されたのだということ、いやそれどころか、それらの感銘から生ずる必然的な結果だったのだということをはっきりさせたいからにほかならない。言ってみれば、のちにトロイアとミュケーナイの王墓を発掘するつるはしとシャベルは、すでに、私が幼少時代の最初の八年間を過したドイツの小さな村で造られ、磨かれていたということなのだ。そんなわけで、私がどうやって徐々に財産をたくわえていったかを物語るのも、むろんよけいなこととは思われない。この財産を使って、私は、晩年になってから、貧しい小さな子どものときにたてた大きな計画を実行することができたのだから。

私は一八二二年一月六日、メクレンブルク＝シュヴェリーンにある小さな町、ノイブコーで生れた。私の父エルンスト・シュリーマンは、この町のプロテスタントの牧師だったが、翌一八二三年には、同じ大公国内のヴァーレンとペンツリンの中間にあるアンケルスハーゲン村の教区へ、同じ資格で転任した。この村で私は、それからの八年間を過したのだが、もともと私の天性に根づいていた、すべての神秘的なもの、不思議なものを好む傾向は、この村に伝わる不思議の数々に触れるに及んで、真の情熱となって燃えあがったのだった。私たちの庭のあずまやには、私の父の前任者フォン・ルスドルフ牧師の「幽霊が出る」という噂《うわさ》だったし、また、庭のすぐうしろに「銀小皿」と呼ばれる小さな池があって、この池の中から、真夜中になると、銀の皿を持った処女の亡霊が現われるということだった。そのほか、この村には、堀をめぐらした小さな丘があった。これはおそらく、キリスト教が入ってくる以前の大昔の墳墓、いわゆる石塚であって、言い伝えでは、ある年、老いた盗賊騎士が愛児を金のゆりかごに入れてここに埋葬したというのだ。また、地主の庭園にある古い円塔の廃墟《はいきょ》のかたわらには、途方もない財宝が隠されているという話もあった。私はこれらの宝物が実際にあるものと堅く信じていたので、父がお金に困ってこぼすのを聞くたびに、どうしてこの銀の皿とか金のゆりかごを掘り出してお金持ちになろうとしないのかと、不思議そうに尋ねたものである。また、このアンケルスハーゲン村には、古い中世風の城が一つあって、厚さ六フィートもある城壁の中を秘密の通路がいくつも走り、地下の抜け道も設けられていて、それがたっぷり一ドイツ・マイル（訳注 約七・五キロメートル）も続いており、先はシュペックのあたりの深い湖の下までも通じているという話だった。城にはいろいろ恐ろしい幽霊が出るという噂で、村人はみな、そんな怪異の話をするとき、きまってぶるぶる震えるのだった。古い言い伝えによると、この城はかつてヘニング・フォン・ホルシュタインという名の盗賊騎士のすみかだったという。この騎士は俗にヘニング・ブラーデンキルル（訳注 あぶり殺しのヘニング）と呼ばれ、広くこのあたり一帯で恐れられていた、なにしろ折さえあれば強盗略奪の挙に出るのを常としていたのだから。それだけに、メクレンブルク公が、どうしても城のそばを通らなければならない何人もの商人たちに通行許可証を与えて、乱暴されないように保護してやっていたことに、ヘニングは少なからず腹を立てた。そこで仕返しをするため、恭順をよそおって、自分の城に公を招待することにした。公は招きに応じ、約束の日に大勢の供をつれて出発した。だが、ヘニングの牛飼が、客を殺そうとするあるじのたくらみを知って、今の私たちの家からおよそ四分の一マイルのところにある丘のかげで、道ばたの藪《やぶ》に身をひそめて公を待ち受け、ヘニングの悪だくみを密告した。公はただちに引き返した。このできごとから、この丘に今の「ヴァルテンスベルク」（訳注 待つ山）なる名がついたのだという。一方、騎士は、牛飼が自分のたくらみを妨害したことを知るに及んで、大きな鉄の鍋《なべ》で彼を生きながらじりじりとあぶったのだが、伝説がさらに物語るところによれば、このかわいそうな男が断末魔の苦しみにのたうちまわっているところへ、騎士は残酷にも左足でとどめの一蹴《け》りをくれたという。その後まもなく、公が一連隊の兵をひきいてやってき、城を囲んで攻めたてた。もはや逃れるすべはないと見てとると、騎士へニングは財宝を全部大きな箱に収め、庭園の円塔のすぐそばに埋めた。この塔の廃墟は今日なお残っている。それから、彼はみずから命を絶った。私たちの教会墓地にある平たい石の長い列が、この悪人の墓だというのだが、その中から何百年にもわたって、黒い絹の靴下をはいた彼の左脚がくり返し生え出てきたということである。教会番人のプランゲも墓掘り人のヴェラートも、子どものころ、この脚を切り取って、その骨で梨《なし》の実を木から打ち落としたものだが、今世紀のはじめに脚の生えるのがぱったりとまってしまったと、大真面目《まじめ》に述べたてるのだった。もちろん私は、子どもの無邪気さでこの話をみんな真に受けたうえ、なぜ脚がもう生えてこようとしないのかを確かめるために父が墓を掘り返してくれるか、だめなら、せめて、自分がすることを許すくらいはしてほしいと頼んだことが何度もある。

私の感じやすい心はまた、城の後壁の一つにあった陶製の浮彫りに、なみなみならぬ深い印象を受けた。そこに彫られている男の姿は、俗信によればヘニング・ブラーデンキルルの肖像だということであった。この像にはどんな絵具も決してのらなかった。それで、この像は例の牛飼の血に覆《おお》われていて、決して拭《ぬぐ》い去ることができないのだと言われていた。広間には壁に塗り込められた暖炉があって、牛飼が鉄鍋であぶられた場所はそこだとされていた。この恐ろしい暖炉を塗り込めた壁の継ぎ目を消そうとどんなに苦心しても、やはりどうしても見えないようにはできなかったということだった。――このことにも、罪深い行いは決して忘れ去られるものではないという神意のしるしがみられた。それからもう一つの作り話をも、私はそのころ、てもなく信じ込んでしまった。隣の地所ルムスハーゲンの地主フォン・グントラッハさんが村の墓地の横の丘を発掘したところ、大きな木の樽《たる》がいくつも出てきて、中には古代ローマ時代のとても強いビールが入っていたという話である。

私の父は文献学者でも考古学者でもなかったが、古代の歴史に熱烈な興味をいだいていた。父はヘルクラネウム（訳注　ヴェスヴィオ火山の西の麓にあった町。紀元七九年の噴火でポンペイと共に埋没）とポンペイの悲劇的な壊滅の話をしばしば夢中になって私に物語ってくれたものだが、その発掘現場を訪れるお金やひまのある人をこのうえなくしあわせな人間と思っているらしかった。また父は、ホメーロスの歌う英雄たちの功業やトロイア戦争における数々のできごとについても、感嘆をまじえながら語ってくれたが、私はきまって、トロイア側の熱心な味方になった。トロイアが破壊されて跡かたもなく地上から消えてしまったことを父から聞かされて、私は悲しい思いをした。しかし、一八二九年のクリスマスに、当時もう八歳になろうとしていた少年の私は、父からゲオルク・ルートヴィヒ・イェラー著の『子どものための世界史』をプレゼントにもらい、その本の挿絵《さしえ》で、炎上するトロイアの都、その巨大な城壁、スカイアイ門（訳注 トロイア城壁の西門）、また父アンキーセースを背負い、幼な子アスカニオスの手を引いた英雄アイネイアースの疾駆するさまを見たときには、私はすっかりうれしくなって叫んだ。「お父さんの話はまちがっているよ！　イェラーはトロイアをきっと見たんだ。でなくちゃ、こんなふうに描けるはずがないもの」「ねえ、おまえ」と、父は答えた。「これは想像で描いた絵にすぎないんだよ」しかし、昔のトロイアに、あの絵にあるような堅固な城壁がほんとうにあったのかと私が尋ねると、

イェラーの本の挿絵

父はそうだと答えた。そこで私は言ったものだ。「お父さん、そんな壁がほんとうにあったのなら、それがすっかりなくなってしまうはずはないよ。何百年もの塵《ちり》やがらくたの下に埋もれているんだ」父はそうではないと主張したものの、私もどうしても自説をまげず、結局二人は、私がいつかはトロイアを発掘することになるんだという ことで合意に達したのである。

思い内にあれば色外《そと》に現わるというとおり、うれしいにつけ苦しいにつけ、思いはおのずと口からこぼれ出てくるもので、特に子どもの場合はそうである。それで私も、遊び仲間に向って、トロイアのことや、私たちの村にもたくさんある神秘的な不思議なことばかりを話題にするようになった。仲間はみんなそろって私をばかにして笑ったが、ルイーゼとミンナというマインケ家の二人の少女だけは別だった。この姉妹はアンケルスハーゲンからおよそ四分の一マイル離れたツァーレン村に住む小作人の娘で、ルイーゼは私より六つ年上、ミンナは私と同い年だった。この二人は、私をばかにすることなど考えもしなかった。いや、その反対だったのである。いつも二人は注意を集中して私の不思議な話に耳を傾けた。特にミンナのほうは私のこよなき理解者となり、私の途方もない未来の大計画にも、進んで熱心に賛意を表明してくれた。そんなわけで、私とミンナの間には暖かい愛情が生れ、やがて二人は子どもの無邪気さで、永遠の愛と誠を誓い合うまでになったのである。一八二九年から一八三〇年にかけての冬、私の小さな許婚者ミンナの家や私たちの牧師館や、あるいは当時小作人ヘルトが住んでいた例の古い幽霊城などで、かわるがわる、共同のダンスのレッスンが行われて、私たちはそこでいっしょになり、城では二人で、ヘニングの血ぬられた石造りの肖像や、あの恐ろしい暖炉の不吉な継ぎ目や、また壁の中の秘密の通路や、地下の抜け道の入口などを興味津々《しんしん》の目で眺めたものだった。ダンスの稽古《けいこ》が私の家であったときには、私たちは家のドアの前の教会墓地へ出て、ヘニングの足がまたもや地中から生えてきはしないかと調べたり、また、畏敬《いけい》の念をこめて感嘆しながら、古い教会記録簿に見入ったりした。この記録簿は、一七〇九年から一七九九年に至る間、父と同じくここの牧師をつとめていたフォン・シュレーダー家の父子、ヨハン・クリスティアンとゴットフリーデリッヒ・ハインリヒの手に成るものであった。大昔の出生、結婚、死亡の名簿は、特別に私たちの興味をそそったのだ。また私たち二人は、息子のほうのフォン・シュレーダー牧師の娘で当時八十四歳になる人が、私たちのすぐ隣に住んでいたのをときどき訪ねて、村の過去を尋ねたり、彼女の祖先の肖像画を眺めたりしたが、この中でも、彼女の母、つまり一七九五年に亡《な》くなったオルガルタ・クリスティーネ・フォン・シュレーダーの肖像がとりわけ二人の心を惹《ひ》きつけた。

一つには、それが芸術的な傑作だと思えたからであるが、また一つには、ミンナとどこか似ているところがあったからである。

それからまた、村の仕立屋ヴェラートを訪ねたことも稀《まれ》ではない。彼は片目で、脚も片方しかないところから、みんなに「ペーター・ヒュッペルト」（訳注　ぴょんぴょん野郎）と呼ばれていた。彼は教育こそまるでなかったが、すばらしい記憶力の持主で、私の父が説教するのを聞いてその話の全部を一言半句まちがわずにくり返すことができるほどだった。もし彼に、学校や大学での勉学の道が開けていたら、まちがいなく大学者になれただろう。彼はとても機智に富んでいて、無尽蔵にたくわえた逸話の数々をすばらしい話術で話して聞かせるすべを心得ていたから、私たちはこのうえなく好奇心をそそられた。ここにその一つだけを紹介しておこう。こんな話だった。彼ヴェラートはまえまえから、コウノトリが冬になるとどこへ行くのかを知りたいと思っていたので、あるとき、まだ私の父の前任者フォン・ルスドルフ牧師が生きていたころのことだが、教会の納屋にきまって巣を造るコウノトリを一羽つかまえて、その足に羊皮紙を一枚くくりつけたのだ。そして、彼に頼まれた教会番人のプランゲが、それに次のように書き記した。「メクレンブルク＝シュヴェリーンはアンケルスハーゲン村の教会番人プランゲ並びに仕立屋ヴェラート、ここにつつしんで願いあげます。このコウノトリが冬に巣を造るお館《やかた》のあるじよ、貴国の名をわれらにご教示たまわらんことを」ヴェラートが翌年の春またコウノトリをつかまえてみると、別の羊皮紙が足に結んであり、へたなドイツ語の詩で次のように書かれていた。

われらシュヴェリーン＝メクレンブルクの地を知らず、
コウノトリのきたれる国、そは
聖ヨハネ国とは申すなり

もちろん私たちはこの話をそっくりそのまま信じ込んでしまったから、神秘の聖ヨハネ国がどこにあるかを知ることができるならば、そのためだけに生涯の何年かをついやしても悔いはなかったろう。こういったたぐいの逸話が、私たちの地理の知識をかならずしも豊富にしたわけではないが、少なくとも地理を学ぼうという意欲を起させ、さらに、すべての神秘的なものに対する私たちの情熱を高めたのだった。

ダンスのレッスンからは、ミンナも私もまるで得るところがなかった。二人とも何一つ覚えなかったのだ。生れつきダンスの素質がなかったのか、あるいは、たいせつな考古学の研究や将来計画にかかりきりになりすぎたためかはわからないが。

そのころもう私たち二人の間では、大人になったらすぐ結婚し、それからただちにアンケルスハーゲン村のすべての秘密、つまり金のゆりかご、銀の皿、ヘニングの途方もない財宝と彼の墓を調査して、最後にトロイアの都を発掘しようという計画がはっきり決っていた。そうやって過去の遺物の探求をして一生を送ること以上にすばらしいことはとうてい考えられなかった。

あのトロイアが実際に存在するにちがいないという確信が、多事多難な人生の浮沈をくり返す間にも、決して私を見捨てなかったことはなんという幸いだったろう！しかし私は、ようやく人生の秋になってから、それもミンナといっしょにではなく、彼女から遠く、遠く離れて——この五十年まえの子どもの夢を実現することを許されるに至ったのだ。

私の父はギリシア語はできなかったが、ラテン語には通じていて、私にもひまさえあれば教えてくれた。私が九歳になるかならないころ、愛する母が亡くなった。それは埋め合せのつかない損失で、私や六人のきょうだいたちにとって、おそらく最大の不幸であったろう。

母の死に、さらにもう一つの不運な事件（訳注　父に関するスキャンダルだといわれる）が重なり、その結果、私たちの知人がみんな、突然背を向けて私たちとの交際を絶ってしまった。他の人たちのことはそうも悲しいとは思わなかった。しかし、もうマインケ一家と会えないこと、ミンナとすっかり離れてしまって二度と会えなくなったこと――これは、私には母の死よりも何千倍もつらいことだった。事実私は、ミンナを失った悲しみに打ちひしがれて、母の死のことはまもなく忘れていった。毎日、何時間も何時間も、私は涙にくれてひとりオルガルタ・フォン・シュレーダーの肖像画の前に立ちつくし、ミンナと共に過したしあわせの日々に思いを馳《は》せては悲嘆にくれた。未来のすべてが暗く悲しく感じられた。アンケルスハーゲンの神秘的な不思議のすべても、いや、トロイアさえも、しばらくの間はもう私にとってなんの魅力もなくなった。父も私のひどい意気銷沈《しょうちん》を見のがさず、メクレンブルクのカルクホルスト村の教区をあずかっていた兄のフリードリヒ・シュリーマン牧師のもとへ、二年間の約束で私をあずけた。ここで私は幸いにも一年間、ノイシュトレーリッツ出身のカール・アンドレス牧師補の教えを受けることになった。私は、このすぐれた言語学者の指導のもとに著しい進歩を遂げ、一八三二年のクリスマスにはもう、父へのプレゼントとして、完璧《かんぺき》ではないにしろとにかくラテン語で、トロイア戦争の主要事件やオデュッセウス、アガメムノーンの冒険などに関する作文を書いて送ることができたのである。十一歳で私はノイシュトレーリッツのギュムナージウム（訳注　九年制の文科系中学・高校）へ入って第三級（訳注　上から数える。日本の中学二、三年にあたる）に編入された。しかしちょうどそのころ、私の一家は非常に大きな不運（注訳父の退任といわれる）に見舞われ、父の財産では、ギュムナージウムから大学へと何年も続く勉学生活を支えるには足りないという恐れがあったので、私は三カ月後にはもうギュムナージウムをやめ、町の実業学校へ移って、すぐその第二級に入れてもらった。一八三五年の復活祭には第一級に進み、一八三六年春、十四歳でそこを卒業して、メクレンブルク＝シュトレーリッツの小さな町フュルステンベルクで、エルンスト・ルートヴィヒ・ホルツという人の小さな雑貨店に見習いとして就職した。

　ノイシュトレーリッツを出発する数日まえ、一八三六年の聖金曜日のことだったが、宮廷楽士Ｃ・Ｅ・ラウエの家で、私は五年以上も会っていないミンナ・マインケにばったり出会った。とうとう最後の機会になったこの邂逅《かいこう》のことを、私は生涯決して忘れないであろう。彼女は十四歳になっており、最後に会ったときから見るとずっと大きくなっていた。質素な黒い服を着ていたが、この服装のつつましさがまた、彼女の魅惑的な美しさをいっそう高めているようだった。目と目を見交わすと、どっとあふれる涙に言葉もなく駆け寄って、抱き合った。二人とも何度か、ものを言おうとしたが、あまりの感動に一言も口をきくことができなかった。まもなくミンナの両親が部屋に入ってきたので、私たちは別れなければならなかった――私が興奮からさめるにはかなりの時間がかかった。そのとき私は、ミンナがまだ私を愛していることを確信したのである。この確信が、私の功名心を燃えあがらせた。このときから私は、自分の内に無限のエネルギーを感じ、これからはたゆまぬ努力を続けて立身し、ミンナに値するものになってみせようと堅く心に期するようになったのである。私が当時神様にお願いしたことはただ一つ、私が独立独歩の地位を築きあげるまで彼女が結婚しないでいてくれることだけだった。

五年半の間、私はこのフュルステンベルクの小さな雑貨店にいて、はじめの一年はホルツさんのもとで、それからは、そのあとを継いだりっぱな人、テーオドール・ヒュックシュテットさんのもとで働いた。私の仕事は、ニシン、バター、ジャガイモ、焼酎《しょうちゅう》、ミルク、塩、コーヒー、砂糖、油、牛脂ロウソクなどを小売りしたり、蒸溜所《じょうりゅうじょ》へ出すジャガイモをつぶしたり、店内を掃除したりというようなことだった。店は小さく、年間の総売上げが三千ターラーになるかならないかだった。一日に雑貨を十ターラーから十五ターラーも売れば、特別繁昌《はんじょう》の日とされたほどである。もちろん私がここで接触したのは、社会の最下層の人々にとどまる。朝五時から夜十一時まで、私はこういうふうにして働いた。勉学に向ける時間の余裕はまったくなかった。それに、小さいとき多少学んだこともあまりに早く忘れてしまった。しかし、学問に対する愛情はそれでも失わなかった――私はついにそれを失ったことがない――。そういうわけだから、酔っぱらいの粉屋ヘルマン・ニーダーヘッファーが店へやってきたあの晩のことは、私には終生忘れられないであろう。この男はレーベル（メクレンブルク）のプロテスタントの牧師のむすこだったが、ノイルッピンのギュムナージウムで学業を終えるばかりになったころ、品行不良のかどで退校になってしまったのだ。彼の父は、むすこをギュストローの粉屋デットマンに見習いとしてあずけ、彼はそこに二年間いてから粉屋職人として修業の旅に出た。自分の運命に不満をいだいて、この若者は、困ったことにまもなく飲酒にふけるようになったが、それでも、習い覚えたホメーロスは忘れなかった。さきに述べたあの晩、彼はホメーロスの詩句をわれわれに向って百行も暗誦《あんしょう》してみせ、実に荘重に朗吟したのである。語句の意味は一つもわからなかったものの、この響きの美しい言語にこのうえない深い感銘を受け、そのため私は、わが身の不運を思って熱い涙を流した。私は三回もくり返して、この崇高な詩句を聞かせてもらった。そしてそのお礼に、私の全財産だったわずか数枚の銅貨を喜んで投げ出して、焼酎を三杯彼におごったのである。このときから私は、神のお恵みでいつかギリシア語を学べる幸運が与えられるよう祈ることをやめなかった。

しかしながら、この悲しいみじめな境遇から逃れる道はどこにも開けそうになかった。ところが突然、まるで奇跡のように私はそこから解放されたのである。重すぎる樽《たる》を持ちあげたために、胸を痛めてしまったのだ——私は血を吐き、もう自分の仕事をすることができなくなった。すてばちになって、ハンブルクまでてくてくと歩いて出てみると、そこでまた年収百八十マルクの勤め口にありついた。しかし喀血《かっけつ》とひどい胸痛のために、とても重労働はできなかったから、雇い主たちもじきに私を役に立たないと判断し、どの勤め口も、一週間たつかたたないうちにお払い箱になってしまった。この種の勤めはもうむりだということがよくわかった。せっぱつまった私は、日々の糧《かて》を得るためならどんなにいやしい仕事でもいいと考えて、船での働き口を何かもらおうと試みた。そして、善良な船舶仲買人で、亡くなった母の幼な友だちのI・F・ヴェント氏の推薦を得て、小帆船ドロテア号にボーイとして乗せてもらうことに成功した。この船はベネズエラのラ・グアイラに向うことになっていた。

私はそのころずっと貧乏していたが、ちょうどこの時のようにまったく一文なしということははじめてだった。何しろ毛布を手に入れるために、たった一枚の上着を売らなければならないありさまだったのだから。一八四一年十一月二十八日、順風を得て船はハンブルクを出帆したが、幾時間もたたないうちに風向きが変って、われわれは丸三日間、エルベ川の上で、ブランケネーゼからほど遠からぬところに停泊を余儀なくされた。十二月一日になってようやく風向きがよくなり、船はクックスハーフェンを過ぎて沖に出た。しかしヘルゴラント島沖に達したかと思うと、また西風に変り、十二月十二日まで風向きはずっとそのままだった。その間《かん》われわれは絶えず間切って進んだが、ほんのわずかしか、あるいは全然、前進できなかった。そしてついに、十二月十一日から十二日へかけての夜中、激しい嵐《あらし》に会って、船はテセル島沖の「デ・エイランセ・フロント」と呼ばれる浅瀬で難破してしまった。数知れぬ危険にさらされ、小さな無蓋《むがい》のボートの中で、荒れ狂う風と波に九時間ものあいだ翻弄《ほんろう》されたあとで、結局、九人の乗組員は全員救助された。ボートがテセル島の浜辺に近い砂州《さす》の上に、砕け波によって打ち上げられ、ついに危険がすべて過ぎ去ったあの瞬間のうれしさといったら、思い出すたびに神への感謝で胸がいっぱいになる。どの浜辺に打ちあげられたものやら私にはわからなかったが――しかし「外国」だろうということは感じられた。そして、この砂州の上でだれかの声がして、おまえの現世運にも上げ潮がさしてきた、この流れに乗らない手はない、とささやくような気がした。そしてその日のうちに、このうれしい考えが裏書きされたのである。船長も仲間の船員も、難船に際して持ちものを全部失ってしまったのに、私の小さなトランクだけが何枚かのシャツや靴下、手帳、ヴェント氏にもらったラ・グアイラあての紹介状二、三通が入ったまま海にただよっているのが発見され、引きあげられたのだ。テセル島でわれわれは、ソンデルドルプ、ラムの両領事にたいそう親切に迎えられた。しかし彼らが私を他の乗組員と共にハンブルクへ送り返してあげようと言いだしたとき、私は言いようもなく不幸な暮しをしてきたドイツへ帰ることはいやだと、はっきり断わった。そしてオランダにとどまるのが私のさだめだと思うし、アムステルダムへ出て兵士を志願するつもりだと、言明したのである。私は完全に無一文で、少なくともさしあたり食いつなぐ手だてはほかに思いつかなかったのである。それで領事たちも私のせつなる願いを聞き入れ、アムステルダムへわたるための旅費二グルデンを払ってくれた。風はすっかり南に変ってしまっていたので、私の乗った小さな船はまる一日エンクヘーゼンの町にとまっていなければならず、オランダの首都に着くまでに三日もかかった。航海の間、着るもののもろくにそろっていない始末で、私はひどくつらい思いをした。そしてアムステルダムにきてからも、最初は幸運の女神がほほえむ気配もなかった。もう冬になっていた。私は上着もなく寒さにひどく苦しめられた。兵士になろうという私のもくろみも、思ったほど早く実行に移すことはできなかった。テセル島とエンクへーゼンで施し物としてかき集めた数グルデンも、またアムステルダム駐在のメクレンブルク領事クヴァック氏からもらった二グルデンもろとも、私が宿にしたアムステルダムのラムスコイ街にあるグラールマン夫人の旅館で使い果した。こうしてわずかなお金が全部底をついたとき、私は仮病を使って病院に収容された。このやりきれない境遇からまた助け出してくれたのは、まえにも述べたハンブルクの親切な船舶仲買人I・F・ヴェント氏だった。私は、難船を知らせると共に、アムステルダムで運だめしをしようと考えていることを伝えるために、テセル島からヴェント氏あてに手紙を出しておいたのである。天の助けか、私のこの手紙はたまたまヴェント氏が数人の友人とある祝宴に連なっているところへ配達されたのだ。私が新たな災難に見舞われたという知らせは一同の同情を呼び、ヴェント氏はすぐその場で二百四十グルデンの見舞金を集めて、それをクヴァック領事を通じて私に送ってくれた。ヴェント氏は同時に、アムステルダム駐在のプロイセン総領事でりっぱな人柄のW・ヘプナー氏に私を紹介してくれ、総領事はまもなく、私にF・C・クヴィーン事務所で働く口を世話してくれたのだった。

この新しい職場での私の仕事は、手形に印を押してもらって、それを町で現金化したり、手紙を郵便局へ持って行ったり取りに行ったりすることだった。こうした機械的な仕事は私にはまことに好都合だった。今までおろそかになっていた勉学に心を向ける時間的余裕が得られたからである。

私の努力は、まず読みやすい字を書くことから始まった。私は有名なブリュッセルの能書家マニェーのもとで二十時間の授業を受けて、完全にそれをものにした。ついで、もっとよい地位につけるように、いくつかの現代語の習得に打ち込んだ。私の年収は八百フランにすぎず、私はこの半分を勉学にあてた——残りの半分は生活費にあてたが、当然ひどい貧乏暮しだった。月八フランで借りた住いは、暖房もないみすぼらしい屋根裏部屋で、私はここで冬は寒さに震え、夏は焼けつくような暑さに耐えなければならなかった。朝食はいつもライ麦粉の粥《かゆ》、昼食にも十六ペニヒ以上のお金をかけることはなかった。しかし、みじめな境遇と、努力すればそこから抜け出せるというたしかな見通しほど勉学に拍車をかけるものはない。私の場合にはさらに、ミンナにふさわしい人間になりたいという願いが、私の内に不屈の勇気を呼びさまし、ふくらませていったのだ。そういうわけで、私は一心不乱に英語の勉強に打ち込んだ。そしてこの際、必要に迫られて、私はどんな言語でもその習得を著しく容易にする方法を編み出したのである。その方法は簡単なもので、まず次のようなことをするのだ。大きな声でたくさん音読すること、ちょっとした翻訳をすること、毎日一回は授業を受けること、興味のある対象について常に作文を書くこと、そしてそれを先生の指導で訂正すること、前の日に直した文章を暗記して、次回の授業で暗誦《あんしよう》すること、である。私の記憶力は、子どものころからまったく訓練してなかったために弱かったのだが、しかし私は学習のためにどんなに短い時間でも活用したし、時間を盗みさえしたほどだった。できるだけ速くよい発音を身につけるために、日曜には定期的に二回、イギリス教会の礼拝式に行き、説教を聞きながらその一語一語を小さな声で真似《まね》てみた。使いに行くときはいつも、雨が降るときでも、手に本を持って行って、少しでもそれを暗記した。郵便局で待っているときにも、本を読まないことはなかった。こうして私の記憶力は徐々に強くなった。そして三カ月後にはもう、あらかじめ三回注意深く読んでおけば、毎日どの授業時間にでも先生のミスター・テイラーとミスター・トンプソンの前で、印刷した英語の散文二十ページを、やすやすと言葉どおりに暗誦できるまでになった。こういうやりかたで、私はゴールドスミスの『ウェークフィールドの牧師』とウォルター・スコットの『アイヴァンホー』を全部そらで覚えてしまったのである。頭がひどく興奮していたために夜も少ししか眠らず、夜起きている時間はすべて、晩に読んだものを頭の中でもう一度くり返してみることに使った。記憶力は日中より夜のほうがはるかに集中しやすいから、私はこの夜の反復練習にもきわめて大きな効果を認めた。この方法はだれにでもおすすめしたい。かくして私は、半年の間に英語の基本的知識をすっかり身につけることができたのである。

同じ方法を私はフランス語の勉強にも適用して、この言葉も次の六カ月でマスターした。フランス語の作品ではフェヌロンの『テレマコスの冒険』とベルナルダン・ド・サン＝ピエールの『ポールとヴィルジニー』を暗記した。こういうふうに猛烈な勉強をしんぼう強く続けたために、一年のうちに私の記憶力は大いに強化されて、オランダ語、スペイン語、イタリア語、ポルトガル語の習得はきわめて容易となり、そのどれをも流暢《りゆうちよう》に話したり書いたりできるようになるのに、六週間以上はかからなかった。

大声でたくさん音読をしたおかげか、またはオランダのしめった空気がよい影響を及ぼしたのかはわからないが、とにかく私の胸の病はアムステルダム滞在の最初の一年の間にもう治ってしまい、以後も再発することはなかった。

しかし、勉強に夢中になるあまり、F・C・クヴィーン事務所の給仕としての機械的な仕事はなおざりになった。特に自分にはふさわしくない仕事だと思い始めると、ますますそれがひどくなった。一方私の上役たちは、私を昇進させようとはしなかった。おそらく彼らは、事務所の給仕もろくにつとまらぬような男が、もっと高いポストで使いものになるはずはないと考えたのだろう。

しかしとうとう、一八四四年三月一日、私の友人でマンハイム在住のルイ・シュトルとブレーメン在住のI・H・バラウフ両人の斡旋《あっせん》で、私は通信係兼簿記係として、アムステルダムのB・H・シュレーダー商会の事務所に職を得ることができた。はじめは千二百フランで雇われたのだが、私の仕事熱心を見て、雇い主は奨励金としてさらに年額八百フランを加えてくれた。この気前のよさに、私はいつまでも感謝の気持を忘れないであろうが、私の幸運の基礎も実際それによって築かれることになったのである。私はロシア語ができればもっと有用な存在になれると思ったので、この言語をも勉強し始めたのだ。ロシア語の書物で手に入れることができたのは、古い文法書と辞典と『テレマコスの冒険』のまずい翻訳本だけであった。さんざん骨を折ってはみたものの、ロシア語の先生を見つけることはうまくゆかなかった。というのも、ロシアの副領事タンネンベルク氏はロシア語を教えることを承知してくれなかったし、当時アムステルダムには、彼以外にロシア語が一語でもわかる人は一人もいなかったのだ。それで私は先生なしで新しい勉強を始め、幾日もたたないうちに、文法書によってロシア文字とその発音を頭の中に叩《たた》き込んだ。それからまた以前のやりかたを踏襲して、短い作文や物語を書いてはそれを暗記した。書いたものを直してくれる人はいなかったのだから、それがへたくそだったことは疑いない。しかし私は、『テレマコスの冒険』のロシア語訳を暗記することによって、実用練習で誤りを避けることを覚えようと努力した。だれかにそばにいてもらって、その人に『テレマコスの冒険』を話して聞かせることができれば、進歩が早くなると思ったので、私は貧しいユダヤ人を一人、週四フランで雇い、ロシア語はひとこともわからないその男に、毎晩二時間私のところへこさせてロシア語の朗読を聞かせた。

オランダのふつうの家の天井はたいてい簡単な板だけでできているから、四階で話す声が一階で全部聞きとれるくらいのことはよく起る。そのために、大声でする私の朗読が、まもなく他の間借人たちにはやりきれなくなって、家主に苦情が持ち込まれた。それで私は、ロシア語の勉強の間に二度も住いを変えなければならなかった。しかしこんな不便もものかは、私の勉強熱心は少しもおとろえず、六週間後にはもう、インド藍《あい》を扱う豪商、モスクワのM・P・N・マルティン兄弟商会のロンドン代理人ワシーリー・プロトンコフ氏に、はじめてのロシア語の手紙を書くことができたのだ。また、この人や、藍の競売でアムステルダムにきていたロシア商人マトヴェーイェフやフローロフなどと、ロシア語で流暢に語り合うこともできた。

ロシア語の勉強が終ると、私は、習い覚えた各国語で書かれた文学に真剣に取り組み始めた。

一八四六年一月に、私は立派な商会主の代理人として、セント・ペテルスブルグに派遣されたが、この地でも、またモスクワにおいても、はじめの数カ月ですでに、私の努力は主人や私自身の最大の期待をもはるかに上回る成果をあげた。この新しい職務で、B・H・シュレーダー商会になくてはならない人間となり、その結果完全に独立の立場を築きあげるやいなや、私はただちに、前に述べた、マインケ家の友人でノイシュトレーリッツに住むC・E・ラウエ氏に手紙を書き、私の身に起ったことを細大漏らさず知らせると共に、すぐに私に代ってミンナに求婚してくれるよう頼んだ。しかし一月後に、ミンナがほんの数日まえに他の人と結婚したという悲しい返事を受け取ったとき、私はどんなに動転したことだろう。この失望は、そのときの私にはこれ以上のものはありえない深刻な運命のように思われた。私は何をする力もないほど完全に打ちのめされ、病気になって寝込んでしまったのである。私は幼いころ、ミンナと私の間に起ったすべてのことを、そして私たちの甘美な夢想と大がかりな計画のすべてを、絶えず記憶に呼び起した。この計画を実行する可能性が今、目の前に輝かしく開けたところだったのだ。しかし、ミンナが加わらないというのに、一体どうしてその実行など考えられよう？　次に私は、なぜペテルスブルグに行くまえに求婚しておかなかったのかと、自分自身を激しく責めた。しかし一方ではまた、そんなことをしたら笑いものになるだけだったろうとも、くり返し自分に言い聞かせずにはいられなかった。なぜって、私はアムステルダムでは一介の店員にすぎず、独立どころか雇い主のごきげん次第でどうにでもなる立場にあったのだし、それに、ペテルスブルグで成功する保証があったわけでもなく、成功どころか完全な失敗だってしかねなかったのだから。私がいつか他の女と結婚することなど考えられないのと同じように、ミンナが他の男といっしょになって幸福になるということもありえないと思われた。残酷な運命はなぜ、私が十六年間彼女を妻にしようと苦闘した末、ようやく彼女を獲得したと思ったちょうどそのときに彼女を引っさらって行かなければならなかったのか？　夢の中で、だれかを休みなく追いかけていて、つかまえたと思ったとたんにまたするりと逃げられてしまうという経験をよくするものだが、ちょうど同じことが私たち二人の身の上にほんとうに起ったのだ。たしかに当時の私は、ミンナを失った悲しみに打ち勝つことはとうていできまいと思っていた。しかし、すべての傷をいやす時が、結局は私の心にもその恵み深い影響を及ぼしたのだ。私はなお何年かの間、失ったミンナのことを悲しみはしたが、徐々にまた、私の商人としての仕事に休みなく没頭できるようになった。

私の商売はペテルスブルグ滞在の最初の一年で早くも非常な幸運に恵まれ、一八四七年の年頭にはもう、大商人として商業組合名簿に登録されるようになった。こういう新しい事業活動と並行して、私はアムステルダムのB・H・シュレーダー商会とも今までどおりの関係を保ち、その代理業務をほぼ十一年間続けた。私はアムステルダムにいる間に、藍に関する徹底的な知識を仕入れていたから、私の商売をほとんどこの品物一本にしぼった。

さて、私の弟ルートヴィヒ・シュリーマンのことであるが、一八四九年はじめにカリフォルニアに移住したまま、ずっと消息を絶っていたので、一八五〇年の春にそこへ訪ねて行ってみると、弟はすでに死んでいることがわかった。一八五〇年七月四日、カリフォルニアが州に昇格したとき、私はまだそこに滞在していた。この日この地に滞在していた者は、その事実によってすべてアメリカ国籍を得ることになったので、私もまた合衆国の市民となった。一八五二年の終りごろ、私はモスクワに、藍の卸販売のための支店を開設した。最初は私のすぐれた代理人アレクセイ・マトヴェーイェフを責任者にしたが、彼の死後はその使用人だったジュチェンコをあとがまにすえ、第二商業組合の登録商人に引きあげてやった。支配人が役に立つ使用人になることは決してないが、如才ない使用人はわけなくよい支配人になるものだからである。

ペテルスブルグではいつも仕事に追いまくられていたために語学の勉強を続けることができずにいたが、一八五四年になるとようやく、スウェーデン語とポーランド語を習得するに足る時間ができた。

私は神の摂理でまったく不思議なふうに助かったことが何度もある。ただただ偶然のおかげで、確実と思われた破滅から救われたことも一再ではない。一八五四年十月四日の朝は、終生記憶に残るだろう。クリミア戦争のときだった。ロシアの諸港は封鎖されていたから、ペテルスブルグ行きの荷はすべてプロシアの港ケーニヒスベルクかメーメルへ船で送り、そこからさらに陸路を運搬しなければならなかった。そういうわけで、百箱の藍と他の商品を入れた一口の大きな荷も、私の負担で二隻《せき》の汽船に積み込まれ、アムステルダムからメーメルにある私の代理店マイヤー商会あてに発送された。そこから陸路でペテルスブルグへ輸送される手はずになっていたのである。私はアムステルダムで藍の競売に立ち会ったのち、メーメルで出荷を監督するために出かける途中だった。十月三日の夜おそく、ケーニヒスベルクのオテル・ド・プリュスに入り、翌朝寝室の窓からなにげなく外を見ると、近くの「緑門」の塔に次のような不吉な銘文が大きな金文字で書かれて輝いているのが目に入った。

幸運の女神のかんばせは月の姿に似て、
満ちては欠け、ひとときもとどまることを知らず私は迷信家ではないが、なぜかこの銘文は私に深い印象を刻みつけ、私は目に見えぬ災いが近づいているかのように、身も震えんばかりの恐れにとらえられたのである。郵便馬車で旅を続けるうちに、私はティルジットの次の駅で、メーメルの町が前の日に恐ろしい火災で灰燼《かいじん》に帰したことを聞いて愕然《がくぜん》とした。そして実際メーメルに到着してみると、その知らせが最も悲しむべきありさままで確証されているのを見た。町はまるで巨大な墓場のように私たちの眼前に横たわっていた。煙で黒くなった壁や煙突《えんとつ》は、大きな墓標のように、この世のはかなさを示す暗澹《あんたん》たる象徴のように、突っ立っていた。半ば絶望しながら、私はくすぶり続ける廃墟《はいきょ》の中を歩いて、マイヤー氏を捜した。そしてとうとう彼を見つけることができたが——商品は助かったかという私の問いに対して、彼は答えの代りにまだいぶっている自分の倉庫を指さして言った。「あそこに埋まっています」打撃はひどかった。私は八年半の間わき目もふらずに働いて、ペテルスブルグで十五万ターラーの資産を築いていた——それが今やまったく無に帰することになったのだ。しかし、やがて私はこの考えに慣れ、破滅の確実さに、かえって落ち着きを取りもどした。

だれにも何一つ負債がないということで、私はとても気が楽だった。つまりクリミア戦争がついこのあいだ始まったばかりで、商取引の状況もまだたいへん不安定だったから、私はすべて現金で買っていたのだ。シュレーダー商会が、ロンドンでもアムステルダムででも私に信用貸ししてくれることをあてにできそうだったから、失ったものもそのうちになんとか埋め合せがつくだろうという確信が十分に持てた。そして同じ日の晩のうちに、私は再び郵便馬車でペテルスブルグへの旅を続けようとしていた。ほかの乗客に、私の会った災難の話をしていたちょうどそのとき、突然、まわりに立っていた人の一人が私の名を尋ね、答えを聞くと、こう叫んだ。「シュリーマンさん、あなたが、何も失わなかったたった一人の人なんですよ！　私はマイヤー商会の一番番頭です。実はあなたの荷を積んだ汽船が着いたときには、私どもの倉庫はもうどうにもならないほどいっぱいでした。そこで私どもは、そのすぐ隣にもう一つ木造の仮倉庫を建てなければならなかったのです。あなたの商品は全部そこに納めてありますから、無事に残っています」深刻な悲しみが突然大きな喜びに変るのを、涙なしに受けとめることは容易ではない。私は何分間か、ものも言えずに立ちつくしていた。町全体の破滅から私一人だけがなんの被害もなくまぬかれたことは、私には夢のようで、とうてい信じられないような気がした。しかし、ほんとうにそうだったのだ。そしてこの場合何より不思議だったのは、町の北側、マイヤー商会のがんじょうな倉庫から火が出て、暴風のような激しい北風にあおられ、たちまち町全体に広がったということである。実際この暴風が、木造の仮倉庫の救いになったのだが、仮倉庫は、本倉庫のわずか数歩北にあっただけでまったく被害を受けずにすんだ。

それで私は、幸い焼け残った商品をきわめて有利な値で売り、そのもうけを次々と回転させて、藍《あい》、染料材、軍需物資（硝石、硫黄、鉛）などで大きな取引をし、クリミア戦争の間は資本家たちが大きな商売に手を出すのを恐れていたために、莫大《ばくだい》な利益をあげて、一年の間に資産を二倍以上にふやすことができた。

私はギリシア語を習えるようになりたいという熱望をいつもいだき続けていた。しかしクリミア戦争のまえには、それに手を出すのは得策ではないように思われた。このすばらしい言語の強烈な魔力に取りつかれて、商人としての関心がそらされてしまうのを恐れたのだ。そしてクリミア戦争中は、仕事に追いまくられて、新聞も満足に、いわんや書物などまったく、読める状態ではなかった。しかしいよいよ一八五六年一月、和平に関する最初のニュースがペテルスブルグに入ったとき、私はそれ以上願望をおさえることができなくなって、ただちに新しい勉強にとりかかったのである。最初の先生はニコラオス・パッパダケス氏、二番目はテオクレトス・ヴィムポス氏であった。二人ともアテーナイ出身で、ヴィムポス氏は現在そこで大司教をしておられる。

私は以前の勉強法をまた忠実に守った。語彙《ごい》の習得はロシア語のときよりむずかしく思われたが、それを短時日で果すために、私は『ポールとヴィルジニー』の現代ギリシア語訳を手に入れて、それを通読し、この際、一語一語を注意深くフランス語原文の同意語と対比した。この一回の通読で、この本に出てくる単語の少なくとも半分は覚え、それをもう一度くり返したのちには、ほとんど全部をものにした。しかも、辞書を引いて一分たりとも時間をむだにするようなことはしなかったのである。このようにして、私は六週間という短い期間のうちに、現代ギリシア語をマスターすることに成功し、それから古典ギリシア語の勉強に取りかかった。そして三カ月後には古代の二、三の著作家と特にホメーロスを読めるのに十分な知識を獲得した。ホメーロスは、夢中になって何度もくり返して読んだ。

それから二年間、私はもっぱら古代ギリシア文学に没頭した。この間《かん》、ほとんどすべての古典作家に一通り目を通したが、『イーリアス』と『オデュッセイア』は何回も読み返した。ギリシア語文法は格変化と規則助詞および不規則動詞だけを覚えた。一瞬たりとも、文法規則の勉強で貴重な時間をむだにはしなかったのである。というのは、すべての子どもたちがギュムナージウムで八年間ずっと、いや、ときにはもっと長い間、退屈な文法規則に悩み苦しんだあげく、ギリシア語の手紙を一通書けば、何百ものひどいまちがいを犯さずにはすまないことを私は見てきていたから、学校で行われている勉強法はまったくまちがっていると考えざるをえなかったのだ。私の考えでは、ギリシア語文法の根本的知識は、実地練習、つまり古典の散文を注意深く読むことと模範的作品を暗記することだけで身につけることができる。私はこのきわめて簡単な方法に従って、古典ギリシア語を生きた言語のように学習したのである。だから私は、決して言葉を忘れることなく、完全にすらすらと書き、どんな対象についてもらくらくと思うことを表現することができるのだ。文法書に記載されているかどうかを知らなくても、私は文法の規則はすべて熟知している。だれかが私の書いたギリシア語の文章の中に誤りがあると言いだすようなことがあれば、いつでも私は古典作家を引用し、私が使ったのと同じ言い回しの出てくる個所を読みあげて、私の表現の正しさを証明することができる。

その間、ペテルスブルグとモスクワにおける私の商人としての事業は、常に順調に運んでいた。私は商人としては並みはずれて慎重だった。一八五七年の恐るべき商業恐慌《きょうこう》の大暴落に際しては、私も二、三手痛い打撃を受けることは受けたが、これも重大な損害をもたらすには至らず、この凶年にさえ、結局私は多少の利益をあげたのである。

一八五八年の夏、私はペテルスブルグで、尊敬する友人ルートヴィヒ・フォン・ムラルト教授と共に、ほぼ二十五年間休んでいたラテン語の勉強を再開した。現代ギリシア語と古典ギリシア語ができるようになっていた私にとって、ラテン語はほとんど骨が折れず、じきにこれをものにすることができた。

一八五八年にはもう十分資産ができたと思えたので、事業からすっかり手を引くことを考えた。まずスウェーデン、デンマーク、ドイツ、イタリア、エジプトへ旅行し、エジプトではナイル川をさかのぼってヌビアの第二瀑布《ばくふ》まで行った。この時を私は、アラビア語を学ぶよい機会として利用した。それから砂漠を通って、カイロからイェルサレムへ旅行した。ついでペトラを訪れ、シリア全土を歩き回ったが、この間ずっと、アラビア語の実用的知識を獲得する機会に恵まれた。ただ、この言語の徹底的な勉強には、のちにペテルスブルグで取りかかったのだが。シリアから帰ったのち、一八五九年夏にはスミルナ、キュクラデス諸島、アテーナイを訪れ、ついでイタケー島へ向けて出発しようとしていた矢先に、熱病に取りつかれた。ちょうどそのとき、ペテルスブルグから知らせがきて、さきごろ倒産した商人ステパン・ソロヴィエフが、私への多額の負債を四年以内に、それも年賦《ねんぷ》払いで返済する取り決めになっていたのを、最初の返済期限を守らぬばかりか、商事裁判所へ私を相手どって訴訟を提起したということだった。私はただちにペテルスブルグへ帰った。すると、空気が変って熱病も治り、訴訟にもきわめて短期間に勝つことができた。ところが相手は上級裁判所に上告したのだ。そうなると、どんな訴訟でも三、四年以内に決着がつくことはない。それに私自身の出廷がどうしても必要とされたので、私はまことに不本意ながら商取引をまた始めることにした。しかもこのときは、以前のいつにもまして大規模にやったのである。一八六〇年五月から十月までの間に私が輸入した商品の額は一千万マルクをくだらない。また一八六〇年と一八六一年には、藍《あい》とオリーブ油のほかに、綿花ででも莫大な取引をしたのだが、これが、アメリカの南北戦争と南部諸州の港湾封鎖のおかげで巨利をもたらした。しかし綿花があまり高価になったときにその取引をやめ、一八六二年五月から海上輸送ができるようになった茶で、大々的な商売をした。ところが一八六二年から一八六三年にかけての冬にポーランドで革命が起り、その地の混乱に乗じてユダヤ人たちが大量の茶をロシアへ密輸したため、いつも高い輸入税を払わなければならない私は、彼らとは太刀打ちできずに茶の取引から手を引いた。そのとき私は六千箱の在庫を抱えていて、これをほんのわずかな利益で手放した。

その後も天は、商人としての私の企画すべてにすばらしい成功を恵み続けたから、一八六三年の終りごろにはもう私は、いよいよ、子どものときからいだき続けて来た理想を大々的に追求する時機がきたと判断した。事業生活の繁忙の間にも、私はトロイアのことを考え続け、トロイアをいつかはきっと発掘するという、父やミンナと取り交わした一八三〇年の約束に思いを致すことを決して忘れはしなかった。たしかに私の心は金《かね》に執着してきただろう。しかしそれは、私の生涯を賭《か》けた大目的を成就するための手段と考えていたからにすぎない。それに私は、ほんとうにいやいやながら、しかもソロヴィエフとの長たらしい訴訟の間、何か仕事と気ばらしを必要としたからこそ、商業活動を再開したのだった。それゆえに、上級裁判所が相手方の上告を却下し、相手が一八六三年十二月、私に対して最後の支払いを終ると、私はただちに事業の清算に取りかかった。だが、考古学に全身を捧《ささ》げて生涯の夢の実現に取りかかるまえに、私は世界のあちこちをもう少し見たいと思った。そこで一八六四年四月にチュニスへ旅行して、カルタゴの廃墟《はいきょ》を自分の目で確かめ、そこからエジプトを経て、インドへ行った。それから順にセイロン島、マドラス、カルカッタ、ベナレス、アグラ、ラクナウ、デリー、ヒマラヤ山脈、シンガポール、ジャワ島、インドシナのサイゴンを訪れ、次にシナに二カ月滞在し、その間、香港《ホンコン》、広東《カントン》、厦門《アモイ》、福州《フーチョウ》、上海《シャンハイ》、天津《テンシン》、北京《ペキン》からさらに万里の長城にまで足をのばした。それから日本の横浜と江戸へ行き、そこから小さなイギリス船で太平洋をわたってカリフォルニアのサン・フランシスコへ向った。渡航には五十日かかったが、そのあいだに私は最初の著書『シナと日本』を書きあげた。そして、サン・フランシスコからニカラグアを経て合衆国の東部諸州へ行き、その大部分を回った。そこからさらにハバナとメキシコ・シティを訪れ、最後に一八六六年春、パリに落ち着いて、考古学の研究に専念することにした。それ以後、時折アメリカへ比較的短期の旅行をするとき以外は休むことなく研究を続けた。

イタケー、ペロポネーソス、そしてトロイアへの最初の旅

（一八六八年―一八六九年）

「とうとう生涯の夢を実現できる時機がきた。私にとってあんなにも深い関心のまとだったできごとの舞台、そしてまた、子どもの私を夢中にさせたりなぐさめてくれたりした冒険の主人公たちの祖国を、たっぷり時間をかけて訪れることのできる時が。それで私は、一八六八年四月に出発した。ローマ、ナポリを経てコルフ、ケファロニア、イタケーを訪れ、イタケー島を徹底的に調査した」

イタケーの人々はアエトス山のことを、古代風の環状囲壁がその頂上を取り巻いているためにオデュッセウスの城と称していた。ハインリヒ・シュリーマンがここを最初の発掘地と決めたときのいきさつ、そしてどういう考えで発掘を進めたかということについては、その著書『イタケー、ペロポネーソス、そしてトロイア』の中に次のように報告されている。

「アエトス山頂には、水平に並べられた大きな石が敷きつめられている。だが私は、そこここに数メートルにわたって藪《やぶ》や草むらがあるので土もあるはずだと思った。そ

黒海
トラーキア
マケドーニア
ビューザンティオン
マルマラ海
サモトラーケー
ケルソネーソス
エーペイロス
トローアス
トロイア
オリュンポス山
イーデー山
エーゲ海
テッサリア
ミューシア
ペルガモス
エウボイア
レスボス
リューディア
イタケー
オルコメノス
キオス
スミルナ
イオニア海
テーバイ
アテーナイ
コリントス
サモス
エペソス
ミュケーナイ
ミーレートス
オリュムピア
ティーリュンス
アルゴリス
デロス
カーリア
スパルタ
アルゴリス湾
ロドス
クレータ
クノッソス
古代エーゲ世界地図

れでただちに、地面の状態が許せば、どこでも発掘してみようと決心した。しかし道具の持ち合せがなかったので、調査は翌日まで延ばさなければならなかった。

焼けつくような暑さだった。私の寒暖計は摂氏五十二度を示していた。焼けるようなのどの渇《かわ》きを感じたが、水もぶどう酒も手もとになかった。しかしオデュッセウスの宮殿跡のまっただなかに立ったとき、身内に湧《わ》く感激に、暑さも渇きも忘れた。私は地形を調べたり、『オデュッセイア』を出して、この地を舞台とする感動的な場面の描写を読んだり、また眼前の四方に開けるすばらしい展望に感嘆したりしたが、この景色は、一週間まえシチリアでエトナ山の頂から楽しんだ眺めにほとんど劣りはしなかった。

翌七月十日、海でひと浴びしたのち、私は五時に四人の労務者をつれて、昨夜泊った村を出発した。汗びっしょりになって、私たちは七時に、アエトス山の頂上に着いた。まず私は四人の男に命じて藪を根こぎにさせ、それから北東の隅を掘り起させた。私の推測ではそこにりっぱなオリーブの木があったはずだった。その木で、オデュッセウスは新婚のふしどをこしらえ、またその木を囲んで寝室を造ったのだ（『オデュッセイア』第二十三歌、一八三―二〇四行）。『内庭の中に細長い葉の茂ったオリーブの木が生えていた。丈《たけ》高く、花ざかりで、円柱のようにがっしりと立っていた。この木のまわりに、私は大きな石で夫婦の寝室を建てて完成し、屋根をのせ、ぴったりした両開きの扉《とびら》を取りつけた。それから、葉の細長いこのオリーブの木の枝を切りおろし、幹の表面に根もとから手を加え、墨縄《すみなわ》を用いて、斧《おの》でたくみにけずってなめらかにした。そしてそれを寝台の脚にし、錐《きり》ですっかり孔《あな》をあけた。この脚の上に寝台をしつらえて、金銀象牙《ぞうげ》で飾り、輝くばかりの紫に染めた牛皮の紐《ひも》を中に張った』

しかし、煉瓦《れんが》と陶器のかけらのほかには何も見つからず、六十六センチメートルの深さで岩盤に突きあたってしまった。この岩盤にはたしかにたくさんの裂け目があって、そこに例のオリーブの木の根が食い込んでいたとみることもできたろうが、しかしここで考古学的な遺物を見つける見込みはもうすっかり失われてしまっていた。

ついでに私は、壁の一部と思われる切り石を二つ見つけたので、すぐそばの地面を掘らせてみた。三時間かけて掘った末に、労務者は小さな建物の下層部分の両側を掘り出した。この建物の石材はきちんと切りととのえられ、白セメントをたっぷり使って継ぎ合されていた。したがってこの建物は、もっと後代、おそらくローマ時代のものだったろう。

労務者たちがこの作業をしている間、私は細心の注意を払って宮殿の敷地を全部にわたって調べた。そして端が小さな曲線を描いているように見える厚い石を見つけて、ナイフで土を取り除いてみると、この石が半円形をなしていることがわかった。ナイフでさらに掘り続けると、まもなく、側面の円形が小さな石を積み重ねてできたもので、いわば小規模な壁になっていることに気づいた。最初私は、この円形をナイフでえぐろうとしたが、土に骨灰と思われる白いものがまじっていてほとんど石そのものと同じように堅くなっていたために、目的をとげることができなかった。それで、つるはしで掘ることに取りかかった。しかし十センチメートル掘るか掘らないうちに、人間の灰を入れた美しくてごく小さい壺《つぼ》を一つこわしてしまった。私は細心の注意を払って掘り続け、奇妙な形をしたさまざまの壺を約二十個見つけ出した。横倒しになっているものもあれば、立っているものもあった。残念なことに、土が堅いためと適当な道具がないために、取り出すときにそれらはこわれてしまい、無傷で持ち帰ることができたのは五個だけだった。その中で一番大きいものでも、高さ十一センチメートル以上ではなかった。このうち二つには、地中から取り出したときは非常に美しい絵が描かれていたのだが、日光にさらしたとたんに、ほとんど見分けがつかないようになってしまった。そのほかにこの小さな家族墓地の中から、すっかりさびついたいけにえ用ナイフの曲った刃一個、二本の笛を口にくわえた女神の陶製の像一体、それから一ふりの鉄製の剣の破片、猪《いのしし》の歯一本、小さな獣骨数個、そして最後に青銅の針金を編んで造った取っ手が一本出てきた。銘文の一つも刻まれていれば、私は生涯の五年をかけてもそれに取り組んだろうが、残念ながらそういうものは全然見あたらなかった！

これらの出土品の年代を決めるのはむずかしいが、それでも、ナポリの博物館にあるクーマイ（訳注　ナポリの西にあった古い海岸都市）の最も古い壺より、これらのほうがはるかに古いことは確実だと思われる。そして私が掘り出したこの五つの骨壺の中に、オデュッセウスやペーネロペイア、あるいはその子孫たちの灰が入っているということも考えられる」このようにシュリーマンはホメーロスを堅く信じ、また幸運にもそれを発見したと信じきっていた。七年後、トロイアとミュケーナイの領主たちの宝物を発見したあとだったら、彼はこのイタケーの支配者の墓をも、もっと豪華なものと想像したであろう！　彼はこの日の報告を次のように続けている。

「日に照らされながら、五十二度の暑さの中で発掘の重労働をするほど、のどの渇くものはない。私たちは水を満たした巨大な甕《かめ》を三個と、ぶどう酒が四リットル入った大びんを一本持ってきていた。イタケーのぶどう酒はボルドーぶどう酒より三倍も強いから、ぶどう酒はこれで十分だった。しかし飲料水はじきになくなり、二度も補給しなければならなかった。

四人の労務者がホメーロス以後の時代の建物を発掘し終えたとき、私も小さな円形墓地の発掘を終った。もちろん私のほうが彼らより多くの成果をあげた。しかし彼らも一所懸命に働いたのだから、私は彼らを責めることはしなかった。そして、今掘り返したところが再び大気のほこりに埋もれるまでには一千年以上もかかるかもしれない。

正午になった。私たちは朝五時から何も食べていなかった。そこで、山頂から十五メートルほど下にあるオリーブの木の下で朝食をとった。食事はぱさぱさのパンとぶどう酒と水で、その水も三十度をくだらなかった。しかし私が味わったのは、このイタケーの土地の産物であった。しかもここはオデュッセウスの宮殿の庭の中なのだ。もしかすると、オデュッセウスが愛犬アルゴスと再会して涙を流したところかもしれない。犬は二十年ぶりに主人が帰ってきたのを知って、うれしさのあまり死んでしまったのだ。そしてまた、ここは、かの神のごとき豚飼が有名な言葉を吐くところでもある。

Ἥμισυ γάρ τ᾽ ἀρετῆς ἀποαίνυται εὐρύοπα Ζεύς
Ἀνέρος εὖτ᾽ ἄν μιν κατὰ δούλιον ἦμαρ ἕλῃσιν.

『なぜなら、いかずちの声とどろかすゼウス大神は、奴隷《どれい》の境遇に人を落すや、徳の半ばを奪いたまうからだ』

私は生涯で、オデュッセウスの城でとったこの質素な食事のときほど強い食欲を感じたことはない、と断言できる。朝食のあと労務者たちは一時間半の休息をとった。そのあいだ私は、できればもっと発見をしようと、つるはしを手に、周壁にはさまれた宮殿の敷地を調べて歩いた。地面の状態から見て何か見つかりそうなところにはすべて目じるしをつけて、あとで労務者に発掘させるようにした。二時に労務者は再び仕事にとりかかり、五時まで続けたが、まったくなんの成果もあがらなかった。しかし私は、明日の朝あらためて発掘を始めようと思ったので、道具は山の上に置いたまま、ヴァティへの帰途につき、夜七時にそこに帰り着いた」

イタケーをあちこち歩き回ってみると、いたるところで島の地形が『オデュッセイア』の記述と一致することが確認できるように思われた。荒けずりの巨大な石壁があると、エウマイオス（訳注　オデュッセウスの忠臣で豚飼）の豚小屋の跡だと思い、海岸で鍾乳洞《しょうにゅうどう》を見つければ、かのパイアーケス人（訳注　『オデュッセイア』に出てくる伝説的な部族、客を歓待するので有名）が、眠っているオデュッセウスを置いていった妖精《ようせい》の鍾乳洞だと思った。また、「ラーエルテース（訳注　オデュッセウス父の）の農園」にやってきたときの様子を彼は次のように述べている。

「まもなくラーエルテースの農園に着いた。そこで私は腰をおろして休み、『オデュッセイア』の第二十四歌を読んだ。異国人の到着は、イタケーの首都でもすでに一つの事件である。まして田舎ではどんなにおおごとであるかがわかろう。私が腰をおろすやいなや、村人たちがどっと押しかけてきて私を取り囲み、質問攻めにした。私はこの際最も気の利《き》いた応待は何かと考えて、彼らに『オデュッセイア』の第二十四歌の二〇四行から四一二行までを声高く朗読して聞かせ、一句一句を土地の方言に訳してやった。今私たちが集まっているまさにこの場所で、老王ラーエルテースが耐え忍んだ恐ろしい苦しみが、美しく響くホメーロスの言葉で、三千年まえの彼らの栄光に満ちた先祖の言葉で、語られるのを聞き、同じ場所で、二十年の別離ののち、死んだと思っていた愛するむすこオデュッセウスと再会したラーエルテースの激しい喜びが述べられているところにさしかかったとき、彼らの感激はとどまるところを知らなかった。だれの目にも涙があふれていた。私が朗読を終えたとき、男も女も子どもも近づいてきて私を抱きしめてこう言った。*Μεγάλην χαρὰν μᾶς ἔκαμες κατὰ πολλά σε εὐχαριστοῦμεν*（あなたは私たちをたいへん喜ばせてくださった。幾重にも感謝します）意気揚々と、みんなは私を村へつれて行った。そして競争して、私をこのうえなく歓待しようとした。しかもほんのわずかの返礼も受け取ろうとはしないのである。みんなは、私がもう一度村を訪れると約束するまでは私を放そうとしなかった。

ようやく、午前十時ごろに出発し、アノゲ山（昔のネーリトス山）の山腹を歩き続けて、一時間半後に私たちは魅力的なレウケ村に着いた。村ではまえから私の訪問を知っていて、村人たちは村からかなり離れたところまで、司祭を先頭にして迎えにきた。彼らは喜びを顔いっぱいに表わして私を歓迎し、私が全員と握手するまでは承知しなかった。村に着いたときはもう正午になっていた。私はまだこれから昔のポリスタレスのあった場所やその城砦《じょうさい》であるスタヴロス村、またアノゲ山頂の聖処女修道院などを訪ねる予定だったので、レウケ村に長居はしたくなかった。しかし村人たちが、私『オデュッセイア』のいくつかの個所を朗読してくれとあまりしつこく頼むので、私もとうとう折れざるをえなかった。みんなによく聞えるようにと、私は村の真ん中にあるプラタナスの木の下に机を置いて演壇とし、『オデュッセイア』の第二十三歌の第一行から二四七行までを声高らかに朗読した。そこは、貞節このうえなく、婦人の鑑《かがみ》というべきイタケーの王妃が、二十年ぶりに熱愛する夫に再会するときのことが物語られる個所である。私は、この章を数えきれないくらい何度も読んでいるが、それでも読むたびにひどく感動する。すばらしいこの詩句が、今、目前の聴衆にも同じよ

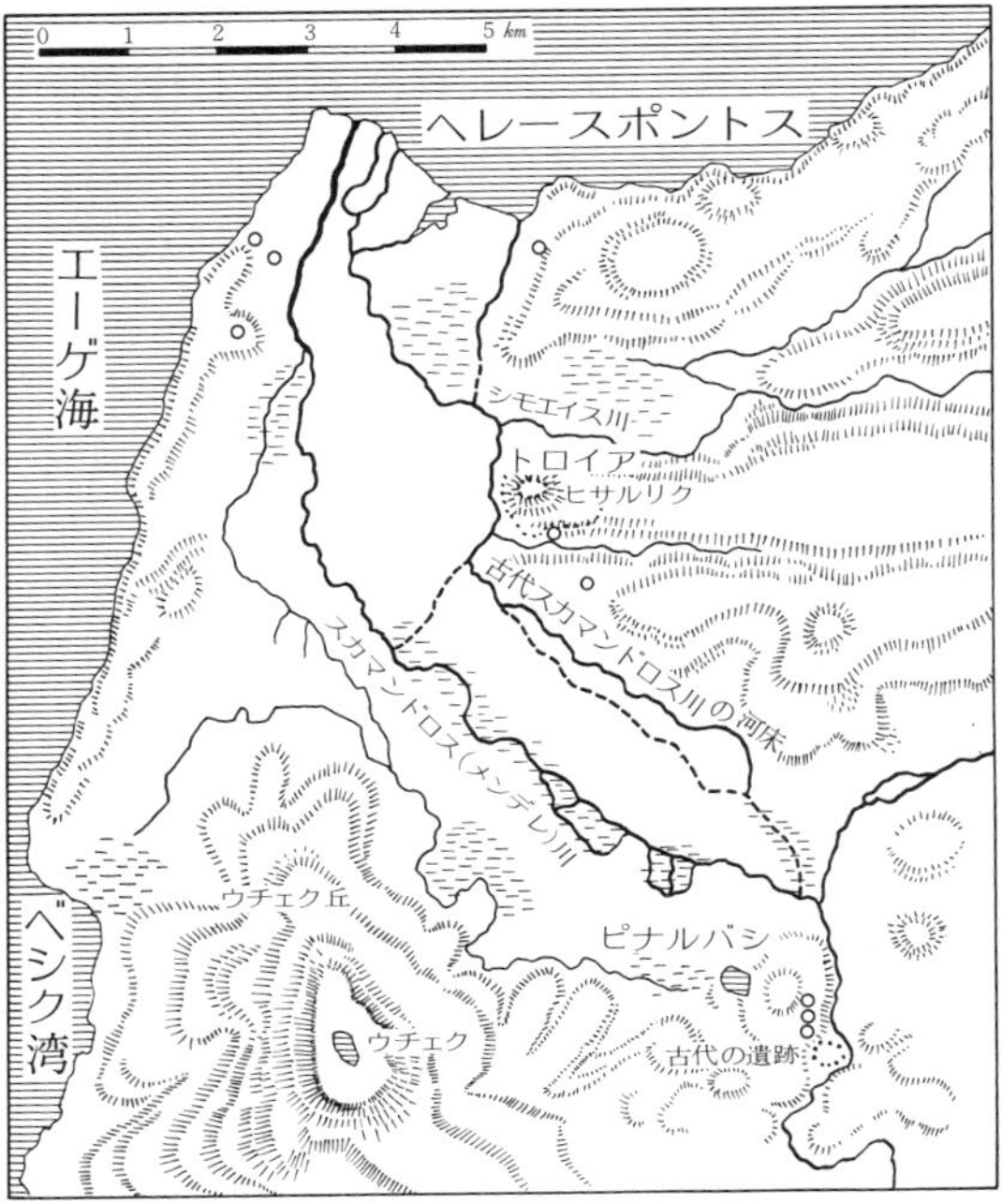

トローアス地方の地図
○印は墓丘

うな感銘を与えたのである。みんな泣いていた。私も泣いた。朗読が終ると、村人はどうしても私を翌日まで村にとどめようとしたが、私はそれをきっぱりと断わった。私はようやくのことで純朴な村人と別れることができたが、そのまえに乾杯して、一人一人にキスせずにはすまなかった」

このようにして、四十六歳のシュリーマンは感激のままに、ホメーロスが歌ったいろいろな土地を訪ねて歩き回った。彼の素朴な心には、現在の環境の中に昔の舞台がそっくりうつって見えた。イタケーのすぐ次の目標は、ペロポネーソス半島のアルゴス地方にあって、お互いに位置の近かったミュケーナイとティーリュンスの城であった。ミュケーナイの城門の上には獅子《しし》が今日なお三千年まえと同じように見張りをしているが、この門の前で彼は次のようなことを考えついた。アガメムノーンとアトレウス（訳注 アガメムノーンの父）の墓は、今まで考えられていたように、ミュケーナイの町を囲む壁の内側という広い範囲内にではなく、パウサニアース（訳注 二世紀後半のギリシアの著述家。その著『ギリシア誌』で有名）の言葉どおり城壁の内部にあると考えるべきではないか、というのである。英雄の栄華の跡をとどめる巨大な廃墟《はいきよ》の上をおびただしい瓦礫《がれき》が覆っているのを彼は見た。その下に黄金に富むミュケーナイの財宝が隠されているのかもしれない。しかしこのときは、彼はこの課題をそのままにした。彼の関心は叙事詩『イーリアス』と『オデュッセイア』の主な舞台に吸い寄せられていたのである。彼はトロイアへ急いだ。ピレウスで船に乗ってコンスタンティノープルへ行き、着いたその日のうちにダーダネルス海峡へ逆もどりした。以前には船はダーダネルス海峡ではとまらずに直行していたからである。

ピナルバシ（ブナルバシ）村の上手《かみて》にけわしい丘があって、そのかたわらを通ってスカマンドロス川が平野へ流れ込み、小アジアの西北隅で海へ注いでいるが、ホメーロスに歌われるイーリオス（訳注 トロイアの別名）の都のあった場所はこの丘だ、というのが当時のおおかたの見解だった。というのも、前世紀の末、あるフランスの学者がここに暖かい泉と冷たい泉を発見し、これこそ『イーリアス』の詩句にある、トロイアの婦人や美しい娘たちがきらびやかな衣服を洗った場所にぴったりだと主張したことがあり、またモルトケ（訳注 ドイツの有名な将軍）のような旅行者が、難攻不落の城を築こうと思えばだれしもこの場所を選ぶだろうと決定的な言葉を吐いたりしたからである。しかしこのときは将軍の負けである。

シュリーマンはピナルバシに着いたときのことをこう書いている。「正直なところ、ごく小さな子どものころから夢にまで見たトロイアの広大な平野を眼前に眺めたとき、私はほとんど感動をおさえることができなかった。ただ、ひとめ見たとき、私にはこの平野が細長すぎるように思われたし、またここを訪れた考古学者のほとんどすべてが主張するように、もしピナルバシがほんとうにこの古代の都の区域内に建設されているとすれば、トロイアが海からへだたりすぎているように思われた」この疑問は、ホメーロスに関する彼の詳細な知識に基づいていた。自分でも言っているとおり、彼にとってはホメーロスの言葉は福音書であり、彼は堅くそれを信仰していたから、『イーリアス』の詩句にぼんやりと示される地形は、自由に創作する詩人の空想の産物にすぎないのではないかという学者たちの疑念など、てんから問題にしなかった。ホメーロスの描写のいつわらぬ真実に心から感激し、それがこの男の人生に新たな内容を与えていたのだから、そこに歌われている戦いの事実を疑うなどということは、彼の心を高揚させるこの詩人の人格の誠実に対する侮辱的な疑いだと感じられたのである。『イーリアス』には、ギリシア軍とトロイア軍との戦闘が、ギリシアの船団とプリアモス（訳注 トロイアの老王）の都との間を寄せては返す波のように動くさまが描写されており、一日に何度もその距離を往復しているところから、シュリーマンは、イーリオン（訳注 イーリオスと同じ）が海岸に近いどこか別の場所にあったはずだと考えた。ピナルバシの丘のスカマンドロス側の傾斜はとても登れそうもないほど急なのに、一体どうやってアキレウスが、この丘の城壁のまわりを三度も回ってヘクトールを追うことができたのだろうか？　またこの地方をよく調べてみると、暖かい泉と冷たい泉が一つずつあったわけではなく、そう思われたのは、まったく同じ温度の泉が四十ほど固まっている一地域だったということがわかったのである。

しかし万全を期して、彼はここでもまたすぐにスコップをつかんだ。だが、ピナルバシの丘の頂にある小さな砦《とりで》の内側や周囲を発掘してみても、トロイアだったら期待されるような成果は得られなかった。小屋の中には旅人が逃げだすような害虫も住みついている、こういう荒涼たる土地で、シュリーマンが戸外に夜営するためにどんな生活を送っていたかが、次の記述からはっきりとわかるだろう。「夕方五時にようやく、私はこの小さな砦をあとにした。そして昔のトロイアがあった場所とされているところをもう一度、南から北へ歩き通してから、スカマンドロスの川岸へおりてゆき、大麦のパンと川の水だけの夕食をとった。パンは暑さですっかりからからになっていて、ちぎることができないほどだった。十五分ほど水につけるとパンはケーキのようにやわらかくなった。私は満足してそれを食べ、川の水を飲んだ。しかし、飲むのがやっかいだった。コップがないので、そのたびに川の上へかがみ込まなければならず、その際、腕をつくと、ひじまで泥の中へ入ってしまった。しかし、スカマンドロスの水を飲むのは私には大きな喜びだった。そしてこの神々《こうごう》しい川を眺め、この水を味わうためならば、もっとはるかに大きな苦労にでも甘んじる人がほかにもたくさんいるだろうと、しきりにそのことを考えた」英雄たちがそのほとりで激しく戦ったスカマンドロス川に対するこのような熱狂的感激は、彼の場合単なる美辞麗句ではない。のちにヒサルリクを発掘したときも、彼は近くのきれいな水の泉を無視して、わざわざスカマンドロス川の水を汲《く》んでこさせ、何度も熱病の発作を起してその害を身をもって知るまで、それを飲み続けたのである。

こうして、結局ピナルバシはトロイアではなかった。とはいえ、ヘレースポントス（訳注 ダーダネルスの名称）からわずか一時間の距離のところに、問題になるいくつかの地点のうち最も海へ向って突き出たヒサルリクの低い丘がある。叙事詩『イーリアス』ではトロイアの近くにスカマンドロスとシモエイスの二つの川があることが前提になっているが、ヒサルリクはこの二つの川の谷をへだてる台地の突端の部分である。「トロイアの平野へ足を踏み入れれば、すぐにヒサルリクの美しい丘に驚嘆させられる。この丘は地形上、砦を擁する大きな町を築くのにぴったりしているように見える。実際この位置は、たくみに築城すればトロイア平野全体を制圧できるだろうし、このあたり一帯にこれと匹敵する地点はない」この低い丘の上からは、平野と、海岸沿いに連なるなだらかな丘陵が眺められ、さらに遠く海の向うにはサモトラーケー島の神々の山が、

ヒサルリクの丘、1890年以後の状態

また内陸に目を向ければイーデー山までが見わたせる。こういうところにある城なら、『イーリアス』の中でも実際そうなっているが、平野に建っていると形容することができる。ここ、トロイアのスカイアイ門の高台から、プリアモスとヘレネーは、戦場に波打つギリシア軍の戦列を見わたして、その中に有名な指揮官たちの姿を認めただろう。またここから、夜の静けさが、トロイアの勝利の歌の響きを、海辺のアガメムノーンの陣営まで運んできただろう。

　ヒサルリクの丘の土地は、ほぼ半分近くがダーダネルスに駐在するアメリカ領事フランク・カルヴァート氏の所有だったし、今でもそうである。氏はこのトローアス地方（訳注　トロイアを中心とする古代の一地方）で機会あるごとに数多くの発掘を行なっていたが、あるときの調査で、この丘が今のように広がったのは、後期ギリシアとローマ時代の神殿や大きな建造物が崩壊したためだということを確かめていた。それによって、ここがのちに新しくイーリオンの町が建設されたところであることが保証されたのである。丘の中核にプリアモスの城が埋もれているはずだというのがカルヴァート氏の確信で、何人かの学者がその見解に賛同したが、それはまとまった力になるまでには至らなかった。シュリーマンは、自分で調査をして、ピナルバシがトロイアの跡だとする支配的な説は放棄さるべきだと考え、『イーリアス』の舞台はここでしかありえないと確信して、カルヴァート氏の考えを受け入れ、一八六九年はじめに刊行した著書『イタケー、ペロポネーソス、そしてトロイア』の中で次のように記している。「プリアモスやそのむすこたちの宮殿の跡、またミネルヴァやアポローンの神殿の跡に到達するには、この丘の人工的な部分を全部取り除かなければならないであろう。そうすれば、トロイアの砦が、隣接する台地へなおかなりのところまで広がっていたことがはっきりするだろう。なぜなら、オデュッセウスの宮殿の遺跡、ティーリュンスの遺跡、ミュケーナイの砦の跡、またアガメムノーンの大きな宝庫は、あの英雄時代の建造物がたいへん広かったことをはっきりと示しているからである」いかに多くの旅人が、アキレウスとヘクトールの戦った場所を見ようとしてこの地方を歩いたことか！　しかし彼らの探索は、この地方を単に見物するだけだったから、いわば地表にとどまっていたのである。シュリーマンはホメーロスを信じていたので、深く底まで掘れば、ホメーロスの描いた世界の遺跡が眼前に現われるにちがいないと確信した。こうして生じた大きな課題を解決することが、それ以後、彼の唯一《ゆいいつ》の関心事となった。

シュリーマンは、旅行報告書一部に、古代ギリシア語で書いた学位論文を添えて故郷メクレンブルクのロストック大学へ送った。これに対して、大学は哲学博士の称号を彼に授けたのである。

トロイア（一八七一年—一八七三年）

シュリーマンはヒサルリクの丘で四期にわたって大規模な発掘を行なっているが、その第一期は一八七一年十月十一日に開始された。トルコ政府の許可証は、コンスタンティノープルのアメリカ合衆国公使館の斡旋《あっせん》で手に入れてあった。一八七三年、自分としてはさしあたって仕事のけりがついたと考えるまで、冬の寒さと、健康を害する真夏の酷暑のため中断した以外は、まるまる十一カ月の間、彼はトロイア発見の仕事にたずさわった。さらにこの期間から、人種の入りまじったこの地方の住民が忠実に守っているギリシアとトルコの数多くの祭日とか、春と秋の雨の日などを差し引いて考えれば、四方八方から丘の中へ掘り込んだ巨大な壕《ごう》をあんなにも広い範囲に広げることができたのは、もっぱら発掘の推進者シュリーマンが、部下にも彼の持ちまえの忍耐力を要求するすべを心得ていたためだということがわかる。

すでに前年に、彼は一度ヒサルリクへもどってスコップを入れていた。しかしこの地域のトルコ人の地主たちから過度の補償を要求され、また、掘ったあとは壕をすぐ埋めてそこがまた羊の牧草地として使えるようにせよという無理な要求が出されたりしたため、彼は瓦礫《がれき》をやっと五メートル掘って後期ギリシアの壁を一つ発見しただけで作業を中断せざるをえなかった。

シュリーマンはアテーナイからこの「聖なるイーリオス」へひとりでやってきたのではなかった。「私はそこへ妻のソフィア・シュリーマンを伴った」と、彼は書いている。「彼女はアテーナイ生れのギリシア女性であり、ホメーロスの熱心な賛美者で、この大事業の遂行に喜び勇んで参加したのである」二人はさしあたりトルコ人の村チブラクの、泥壁の小屋に泊らなければならなかった。ついで、プリアモスの丘そのものの上に、というのはそこで、二人の足もとからプリアモスの宮殿がこの世に再び出現することになったからだが、その丘の上に簡単な木造の家を数戸建てて、自分たちや監督の家とし、ときには技師や製図家の宿にあてることにした。吹きさらしの丘の上は風が強く、ホメーロスがイーリオスを *ἠνεμόεσσα*（訳注 風のよく吹く）と形容したのも決していいかげんではないことがわかった。冬のあいだはトラーキアから吹く北風が氷のような寒さを運んでくるので、「体を暖めるものとては、トロイアを発見するという大事業への情熱以外には何もない」ありさまだった。しかし夏には海からさわやかなそよ風が待ち望んだ涼気を運んできて、むすような暑熱にあえぐ平地や沼地から立ち昇る熱気を吹き払って、空気を清めてくれた。眼下のダーダネルス海峡では、大きな汽船が毎日、地中海と黒海の間を往来していた。一方、この俗世の往来をよそに、丘の上では古典的な国々の最古の歴史の証人をよみがえらせようと、二人の努力が続けられていた。また海沿いの低い丘の背からは、いくつかの墳墓が彼らを見守っていた。誇り高い一族の人々が、アキレウスやパトロクロス、またアイアースやトロイアの領主たちのなきがらの上に土を盛って造らせた墳墓である。これらの記念物についても、その内容を調査しなければならなかった。

太陽がイーデー山の峰々に朝の最初の光を投げかけるころになると、何時間も離れた周辺の村々から、色とりどりの衣装を着たギリシア人やトルコ人が徒歩やろばで集まってきて、発掘の旦那《だんな》の前に並ぶのだった。彼らの名簿を読みあげるのが、ひとりひとりにきげんよく話しかけて、いい気分で仕事にとりかからせるのによい機会となった。労務者たちの多くにはおかしみをさそう独特の呼び名がつけられていた。シュリーマン自身、それについて述べている。「労務者の数が多くてみんなの名まえを覚えきれなかったので、私は敬虔《けいけん》そうだとか軍人らしいとか学者的だとか、多かれ少なかれその特長によって、いろんな呼び名をつけた。回教僧、修道士、巡礼、伍長《ごちょう》、ドクター、先生など。そして私がそういう名をつけるやいなや、その男は私のもとで働いているかぎり、みんなにその名で呼ばれるようになる。こうしてドクターがたくさんできたが、その連中は一人として読み書きができないのだ」ギリシア人のうちで彼と親しくなった者は、アガメムノーン、ラーオメドーン（訳注　プリアモスの父でトロイアの王）、アイネイアースなど、ホメーロスの登場人物につけられている響きのよい名まえをもらった。またみすぼらしいトルコ人の何人かは、彼のもとで働いている間、総督や閣下に出世させてもらった。この第一期の発掘の期間に、労務者の数は百人から百五十人の間を上下した。彼らの指導と、どうしても欠かせない監視とのために三人の監督がついた。しかしシュリーマンも、この監督たちだけにまかせていたわけではなく、発掘の進みかたが決して十分とは思えなかったので、彼自身どこへでも出かけて行って督励した。シュリーマン夫人も二十人から四十人の作業班の指揮をとった。しかし特にむずかしい重要な問題が生じたとき、たとえば瓦礫《がれき》の塊《かたまり》の中からこわれやすいものを傷つけないように取り出すときには、夫妻自身が道具を手にして根気よく働いた。うつろでさびしいこの狭い土地を旅行するヨーロッパ人は、すぐに人々の関心のまとになり、高い見識ある人として、ありとあらゆる問題に意見を求められる。となればこの熱心な夫妻は、それよりもはるかに多くこの地方全体の人々の関心を集めずにはいなかった。なにしろ二人はくる日もくる日も丘の中で、隠された宝を捜し、昔ここを支配した偉大な王たちのおぼろげな伝説の記憶を、この地の住民の間に再び呼びさましたのだから！　ネオホリ、イェニシェヒル、レンキョイなどの村人たちにとってヒサルリクの丘が巡礼地になったのは、彼らの好奇心のためばかりではなかった。「エフェンディ・シュリーマン（訳注　シュリーマン先生）」が手持ちの薬で病人を効果的に治してくれたからでもある。ヒマシ油、アルニカ（訳注　薬草）、キニーネのどれかがどんな病人にもきいたし、少なくとも村の医療業者たちがどんな場合にでも行う気ちがいじみた瀉血《しやけつ》よりは効果があったのだ。のちにフィルヒョー（訳注　有名なドイツの病理学者）がトロイアに滞在したときは、もちろんシュリーマンの医者としての名声もフィルヒョーには及ばなかったが、フィルヒョー自身も、シュリーマンの著書『イーリオス』の補遺の中で、この地で行なった自分の実地診療について述べている。今でもトロイアでは、フィルヒョーはホ・メガロス・イアートロス、つまり「お医者の大先生」と呼ばれているが、これに対してシュリーマンのほうはエフェンディ・イアートロス、つまり「お医者先生」と呼ばれている。

　シュリーマンはこの丘の中に何を見つけようとしたのか？　彼は廃墟《はいきよ》そのものの中から動かすことのできない証拠、すなわち、トロイアをめぐる十年間の戦争に関する古いギリシアの伝説が事実であって、ホメーロスはプリアモスの王城を忠実に誠実に描いているのだ、ということの証拠を取り出して文明世界に提出しようと思ったのである。王妃ヘカベー（訳注 プリアモスの妃）とトロイアの女たちが、この町に祝福を授けたまえと女神に祈ったイーリオスのアテーナー神殿と、ポセイドーン（訳注 ギリシア神話の海神）とアポローンが築いたと言われるペルガモス（訳注 トロイア城の別名）の城壁とを発見するという目的によって、どこから仕事を始めるかが決定された。アテーナーの神殿は丘の中央の一番高い頂にある、と彼は考えた。だがポセイドーンの城壁は、何千年も瓦礫に覆《おお》われて、丘の周囲を取り巻き、原地盤の上に築かれているにちがいなかった。なぜならホメーロスの言葉からは、王城が築かれるまえ、この丘には人が住んでいなかったと推測されるからである。つまり『イーリアス』の第二十歌には、プリアモスの六代まえのダルダノス王の時代に、トロイア族は松の木の多いイーデー山の麓《ふもと》に住んでいた、と述べられているのだ。

発掘まえ、ヒサルリクの丘は長さ約二百メートル、幅百五十メートルの卵形をしていた。北と西に向って、メンデレ谷とドゥンブレクス谷へと急傾斜で落ち込んでおり、南と東はなだらかにくだって台地へつながっている。ヒサルリクはこの台地の岬《みさき》状の末端なのである。シュリーマンはこの丘の中軸を北から南へ切り通そうと思った。そうすれば最短距離で丘を横断することになり、その中央に神殿を発見できそうだったからである。こうして彼がつるはしとスコップを手に広い壕《ごう》を北から掘り始めると、まず深さ二メートルのところで、大きな切石で築いた後期ギリシアの基礎壁に突きあたった。この基礎壁は、長さ約二十メートル、幅十四メートルの建物に付属するものだった。同時に発見された銘文によれば、この建物は一種の市庁舎、つまりブレウテリオンで、古くてもリューシマコスの時代のものらしかった。リューシマコスとは、アレクサンドロス大王の帝国のうち、ヘレースポントスの両岸の部分を治めていた領主である。彼の手で、以前にすっかり荒廃したイーリオンに再び巨大な環状囲壁がめぐらされ、周辺の町々の住民も移り住んで、イーリオンは大きな共同体にふくれあがった。だがシュリーマンの確固たる目標は、原地盤に築かれたトロイアであったから、彼はこの後期ギリシアの建物の壁を取りこわさざるをえないと感じた。

原地盤に達するにはどれだけの深さまで掘らなければならないか、それを教えることになったのは、現在の地表の二メートル下に口を開いている井戸だった。この井戸は、ブロックを石灰で継ぎ合せて築かれていたから、のちのローマ時代のイーリオンのものとしか考えられなかった。その井戸をさらってみると、石積みはなんと十七メートルの深さにまで達していて、井戸はそこから岩盤の中へ移行していた。井戸の底から小さなトンネルが掘られていたが、それによって、この驚くほど深い岩盤の上近くに、なおも建物の壁が見つかりそうだということがわかった。この丘は、一体どんな歴史を歩んできたのだろう。どんなに多くの種族が入れ替り立ち替りここに町を築いてはまた亡《ほろ》びていったことだろう。あとからくる者は、先住者と同じように、この平野を見おろすただ一つの丘の利点を見抜いて廃墟の上にまた住居を築いたのだ。この丘の下に深い秘密が隠されていることは明らかであった。それがどんなものかを明らかにするには、巨大な量にのぼる労力と費用が必要だった。しかしシュリーマンはたじろがなかった。「仕事のむずかしさはかえって」と彼は述べている。「ついに眼前に横たわる大目標に到達したいという熱望をかきたてるばかりである。私はなんとしても、『イーリアス』が事実に基づいていること、偉大なギリシアの国民から名誉の栄冠を奪ってはならないということを証明したかったのである。そのためにはどんな労苦もいとわないし、どんな出費も恐れはしない」この丘で、ピナルバシでとはまったく別の宝を見つけられることが、集落の瓦礫の深さを確認することによって立証された。

発掘者シュリーマンは、原地盤に到達してホメーロスに関する空想の裏づけを得たいと熱望していたから、埋もれたこの原地盤に近づくにつれて、激しい興奮と焦燥にとらえられたのは当然である。したがって、行く手に現われるじゃまなものはどんどん取り除かれた。ヘレニズム時代とローマ時代の建物の基礎の下で、労務者のつるはしはしばらくの間もっぱら、小さな石をゆるく積み重ねたみすぼらしい壁にぶつかった。ここでは、紀元前六世紀から四世紀のギリシア陶器様式の絵を描いた壺《つぼ》の破片がぽつぽつと見つかったが、これも、もっと深く掘り進まなければならないことを教えただけである。四メートルから五メートルの深さにあったこの層を掘り終ると、まったく別の種類の出土品にぶつかった。そこの土にはこわれた陶器がまじっていたが、それには、ギリシアの壺に特有の美しく反った形も、色とりどりに描かれた装飾も見られず、灰色または白、赤または黄の一色を残した面を一様に覆っている独特の光沢だけを唯一《ゆいいつ》の飾りとする容器だった。ギリシアの陶工が飽くことなく民族の英雄伝説を描き込んだ絵こそなかったが、そのかわり、ここで発見された容器の製作者は、全体を独特の奇妙な形に仕上げるのを楽しんでいた。頸《くび》が極端にほっそりとくちばし形になっている球形の水差し。しかも、単独ではなくて二つつなげてある場合も多い。取っ手が二つ突出している細長い杯。この杯に発見者シュリーマンは、ホメーロスにしばしば出てくる

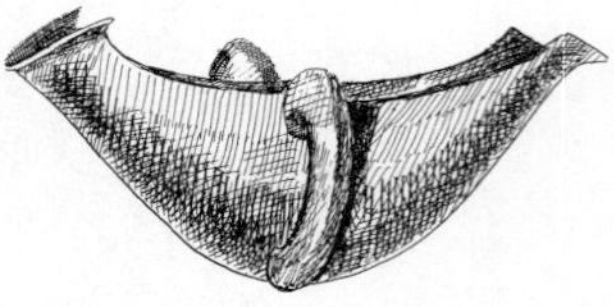
取っ手の二つある黄金の杯

δέπας ἀμφικύπελλον（取っ手が両側にある）の形を認めて喜んだ。直径約二メートルの大きな卵形の鉢。それに陶製の甕《かめ》だが、これは、中に労務者が一人入って現代のディオゲネースよろしくゆうゆうと寝泊りできそうなほど巨大であった。大きさだけから言っても製作者の技倆《ぎりょう》に尊敬の念をいだかせるこれら巨大な陶器のほかに、こまごました用途にあてる、最上の陶土で造ったごく小さくて優美な道具もあった。これらすべての容器が、古代も非常に古い年代のものであることは、出土品層の深さだけでわかったのではない。その大部分は他の地方から出土した先史時代の容器と同じように、まだろくろを用いずに手で造られていたのである。これらの器にはまだギリシア人の形態感覚が浸透していない。容器の胴体に片持ちの脚をつけて持ちあげたり、胴体から口や取っ手の線を導き出したりするやりかたは、のちにギリシア人の教えたものである。ここで発見されたものは、まだ形が粗雑だった。甕の胴体は球形で、それがじかに地面の上にのっていた。脚をつけ加える場合には、節目のない支えを胴体に三つとりつけるという形で行われた。取っ手のほうは、器に粘土の塊を押しつけてそれに穴をあけ、紐《ひも》を通すというぐあいに造られたものも多い。しかしいかに粗雑ではあっても、形態と色彩の多様さや、しばしばすばらしく細心に行われた仕上げを見れば、それだけでも、これらが高度に発達した民族の文化の遺物であることが証明される。

それはどの民族だったのか？　これらの記念物からその問いにはっきりした答えを出すことは、学問的にはほとんど不可能であった。ここで発見されたのは、新しいもの、まだ聞いたこともないものだったからである。発見者シュリーマンは想像を働かせて、彼のホメーロスに解答を求めた。彼が発見した甕のうち、最も奇妙なのは、口のところに実に原始的なやりかたで一対の大きな丸い目と、鼻と、額のきわがあらわされているものだった。ふたは帽子の形を真似《まね》、胴体には、小さな円板状のものがついていて、乳首とへそを暗示していた。ホメーロスはアテーナー女神を、フクロウの目をした、と形容している。そして、この大きな丸い目のついた容器は、ホメーロスによればアテーナーの神殿が建っていたという場所で発見された。そこでシュリーマンは、この甕がフクロウの目をしたアテーナー女神を写したトロイア最古の像だとして喜んだ。大理石およびスレートの長細い小板も、この女神崇拝の証拠であるように思われた。その上端部に、甕の場合と同じように人間の顔がプリミティヴ

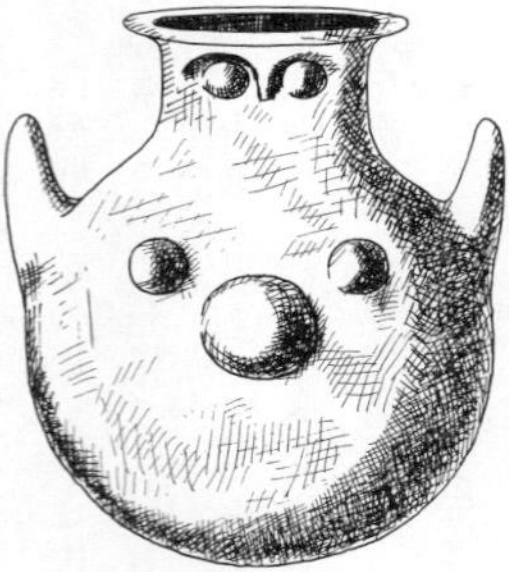

顔のついたつぼ

に模写されていたからである。彼はそれを女神の偶像と考えたのだ。しかしこれらの記念物にはホメーロス文化の痕跡《こんせき》が含まれているように見えるが、もっと解きがたい奇妙な謎《なぞ》を投げかける出土品がほかにもあった。それは穴のあいた小さな陶製の玉で、何千となく瓦礫の中から出てきたものであるが、いま考古学ではたいてい、はずみ車だと解釈されている。シュリーマンはその不思議な形と、刻み込まれたたくさんの装飾文様についていろいろ考えをめぐらしたあげく、女の仕事の守り神であるアテーナーに対する捧《ささ》げものだろうと考えた。しかしこれを掘り出して、そこにアジアの記念物や祭祀《さいし》に特によく使われている「スワスティカ」卍《まんじ》の記号を見たとき、彼は有名なインド学者たちに依拠して、はずみ車の丸い穴はわれわれアーリア民族の先祖の中心太陽のしるしであり、その上につけられた装飾文様は聖なる火の象徴であると説明した。アテーナイのフランス考古学会会長をつとめた友人のエミール・ビュルヌフは、文字に似た唐草《からくさ》文様が、既知のどのギリシア文字にも先行するグレコ＝アジア文字で書かれた銘文であろうという解釈を、彼に最初に示してくれた。のみならずこの学者は、シュリーマンの発見した一つの壺に、まさしくほんものの中国の銘文が認められると主張したのである。われわれはこのむずかしい問題に賛否を表明することはしたくない。今こんなことに触れたのは、出土品を前にして発見者が直面した世界の異様さを述べるためにほかならないのである。荒けずりの石の道具、閃緑岩《せんりょくがん》の槌《つち》、アジアの奥地から持ってきた軟玉で造った斧《おの》、火打石でつくった鋸《のこぎり》のような小刀、そのほか毎日掘り出されるいろいろな道具、これらは、ほんとうに、プリアモスと、技《わざ》にすぐれたその家来たちの光輝ある王国の遺物なのだろうか？

発見者の興奮した心は、このような疑惑にしばしばとらえられざるをえなかった。しかし、意気沮喪《そそう》することはなかった。この原始的な文化がはじめて彼の前に姿を現わしたとき、彼は次のように書いている。「私の要求はきわめてつつましい。私は造形美術品を見つけようという期待を持っているわけではないのだ。私の発掘の唯一の目的は、はじめから、トロイアの都を発見することだけであった。トロイアの都があった場所については、何百人という学者が何百冊もの本を書いているが、発掘によってそれを明らかにすることはまだだれも試みたことがない。もし私がそれに失敗しても、発掘作業によって紀元前の時代の最も深い闇《やみ》の中に突き進み、偉大なヘラスの民（訳注 ギリシア人のこと）の最古の歴史の興味ある面を二、三明らかにして学問に貢献することができさえすれば、私はこのうえなく満足するであろう。そのため私は、石器時代の遺跡の発見でがっかりするどころか、ここへやってきた最初の人々が足を踏み入れた場所まで掘り進みたいという意欲をさらに燃やすばかりであった。そして私は、自分の手でなお五十フィート先まで掘らなければならないとしても、断固そこまで掘り進もうと思う」

　彼の発掘壕《ごう》は瓦礫《がれき》の山の中へますます深く食い込んでいった。十メートル以上もの深いところから、調べ終えた瓦礫を運び出すのはますます困難になり、そそり立つぐらぐらの土壁にはさまれた地底での作業は、ますます危険になっていった。一度など、崩れ落ちた土壁の下に六人の労務者が生き埋めになったが、彼らが救い出されたのはまさに奇跡と言ってもよかった。発掘は進んで、灰その他多くの火災の痕跡《こんせき》がまじっている大きな遺物層をすでに突破したが、城壁と思われるものはまだ見つからなかった。ゆるゆるに石の積み重なった層が取り除かれたが、これが実はペルガモスの城壁であった。しかしそのことがはっきりするのは、他の場所で、城壁とは元来切りそろえてない石塊を積み重ねただけの粗雑な構築物だとわかってからのことになる。

　大きな壕はこの丘の短軸に沿ってはじめは北側からだけ掘り進められたが、目的としたイーリオンのアテーナー神殿の基礎壁を発見するには至らなかったので、シュリーマンは別の側から中心に向って壕を掘り進めることに取りかかった。彼はカルヴァート氏から、氏の地所も発掘してよいという許可を得ていた。そして、丘の北西部を掘り始めるやいなや、地表に近いところで、美しい浮彫りの板にぶつかった。それは

トロイア第二市の斜路と城壁、紀元前2000年ごろに破壊されたもの

太陽神ヘーリオスが衣を風になびかせ、頭のまわりに光輪をめぐらした姿で、四頭立ての馬車を飛ばして、朝、天空へ昇って行くところを表わしたものである。ヘレニズム時代に建てられたアテーナー神殿の遺物とされているこの美しい浮彫りよりももっと重要なのは、丘の南側と南西側でなされた発見である。南側では、丘の斜面を六十メートル掘り込んだところで、労務者たちは大きな壁に突きあたった。この壁は非常に厚く、

じかに岩盤の上に築かれていた。壁面はゆるやかに傾斜し、なおも六メートルの高さにまでそびえていた。壁のまわりにちらばっている破片から、かつてはもっと傲岸《ごうがん》な態度で立っていたことが証明された。切りそろえてない石をゆるく積み重ね、すきまに土をつめるというその築造法は、それが立っていた場所およびそのまわりで発見された遺物と同様、きわめて古い時代のものであった。壁は右にも左にもずっとその跡をたどることができた。そして、原地盤の上に築かれていた。もしこれが城壁だとすれば、ペルガモスの城壁、ポセイドーンとアポローンがトロイアの王のために築いたと言われる城壁にちがいなかった。壁の続きを発掘するために、高さ十五メートルに及ぶ大量の瓦礫が取り除かれた。そして三十メートル掘り進んだのち、丘の南西部で、壁の頂へ登って行く幅の広いりっぱな斜道にぶつかった。この斜道の大きな敷石を土着民の貪欲《どんよく》から守ろうとして、というのは古代の建築物は最良の建築材になるために、監視していないとなんでも持ち去られてしまうからだが、シュリーマンは労務者たちの間に、キリストがこの道を登ってプリアモスの城へ行ったのだという聖譚《せいたん》を広めた。古代風にきわめて粗雑ではあるが堂々としているこの斜道が、城門からさらに支配者の宮殿へ通じているにちがいないという点だけは、その聖譚もほんとうだった。シュリーマンはこの地点に労務者百人を集め、宮殿までの道を切り開かせた。彼らは大量の焼けた陶土の中を掘り抜いて行き――その陶土が城壁と門の上部構造をなす風干し煉瓦《れんが》だったことはのちにわかったのだが――こうして、この堅固な城が昔、大火災で潰滅《かいめつ》したということが証明されたのである。それでは、これが破壊されたトロイアだったのだ！　十年間荒れ狂った戦いで争奪のまととなった世界一の美女ヘレネーが、神々の後裔《こうえい》たる敵の英雄たちを指でさし示したここぞ、スカイアイ門だったのだ！今までに重ねてきた忍耐、耐えてきた労苦のすべてが報いられた。彼の手によって現実のものになるように見えた古い伝説に対する感激が、発見者の胸中でかちどきをあげた。「ギリシアの英雄の栄誉を伝えるこの神聖で崇高な記念物が」と、そのときシュリーマンは書いた。「ヘレースポントスを通行する人々の目をこれ以後永久に惹《ひ》きつけんことを。ここが知識欲さかんな未来の若者たちすべての巡礼地になって、彼らを学問に、とりわけすばらしいギリシアの言語と文学に、熱中させせんことを」さらに続けて、「これがきっかけになって、トロイアの環状囲壁が間もなく完全に発掘されるに至らんことを。囲壁はかならずやこの城門とつながっており、またほぼまちがいなく、丘の北側で私が発掘した壁ともつながっているはずで、全体の発掘は今はたいそう容易になっているのだ」

シュリーマン自身はさしあたり、城の内部を調べてみずにはいられなかった。内部にはいたるところ火災の痕跡《こんせき》があった。城門からあまり遠くないところで、一軒の家の貧弱な壁が現われたが、この家にはあまり大きくない部屋がいくつかあり、門に対して占める位置から、この建物はプリアモスその人の家にちがいないと彼は考えた。のちになってわかったところでは、この家は焼けた第二市の廃墟《はいきょ》の上に建てられたものだった。ほんとうのペルガモス宮殿はもっとはるかに堂々たる外観をそなえていたのである。だがさしあたりはこの建物の近くでもう一つ、新しい思いがけない発見があって、それが彼の想定を一見裏書きするような格好になった。それはあの有名なすばらしい「トロイアの宝」である。

西側から掘り進められた壕が、一八七三年五月、さまざまの環状囲壁を掘り抜いたあとで、大きなベルガモス城壁の続きに行きあたった。シュリーマンは述べている。「われわれはこの囲壁に沿って掘り進み、どんどんその形を明らかにしていったが、そのあいだに私は、城門からやや北西寄り、古い家のすぐわきで、たいへんおもしろい形をした大きな銅製品を発見した。そのうしろで金が光っているような気がしたせいで、私はなおのことそれにすぐ注意を惹きつけられた。しかしこの銅の容器の上部には、赤みがかっていたり茶色をしていたりする、石灰化した廃墟が、石のように堅い五フィートの厚さの層をなして重なっており、その上にはまた、トロイア破壊後まもなく築かれたものにちがいない厚さ五フィート、高さ二十フィートの城壁が長く延びていた。私はこの貴重な出土品を古代学のために救い出したいと思ったが、それにはまず、大急ぎで注意深く安全な場所へ移して、労務者たちの貪欲から守る必要があった。それで、まだ朝食の休憩時間ではなかったのに、すぐに休憩を触れ出させた。そして労務者たちが休息や食事にかかりきっている間に、私はその宝を大きなナイフで、石のように堅い周辺から掘り出したが、それは最大の緊張を要し、同時に最高度に生命の危険を伴う仕事だった。というのは巨大な城壁が、その下を掘らざるをえなかったために、いつなんどき私の上に崩れ落ちてくるか知れなかったからである。しかし、数多くの発見物を見、その一つ一つが考古学にとってはかり知れない価値をもっているにちがいないと思うと、私は向う見ずになり、身の危険などまるで気にもかけなかった。しかしそれでも、私の妻が助けてくれなかったら、この財宝の発掘は成功しなかっただろう。彼女は私が掘る間いつもそばに待っていて、掘り出したものをショールに包んで運んだのだ」一ポンドもある黄金の杯、大きな銀の水差し、黄金の王冠、腕輪、数千枚の金の小板を苦労してつなぎ合せた首飾り、それは、この地方の強力な支配者でなければ所有しえないきらびやかな宝だった。

空想力豊かな少年時代の夢がこんなにも輝かしく実現された例はめったにあるもの

ではない。発見者は、かのホメーロスが歌った世界を長年の努力の末にいま手でつかんだと思った。こうなってみれば、彼はプリアモスの堂々たる砦《とりで》にずっといたことになり、この非運の王の宝は今や彼のものなのだった。このような成功を収めたあと、一種の満腹感が彼を襲った。彼は一八七三年六月十七日に、発掘を、彼の言によれば永久にやめ、出土品を持ってアテーナイに帰った。そしてただちに出土品の発表にとりかかった。一八七四年正月にはすでに、著書『トロイアの古代遺物』が完成した。これは大体、彼がヒサルリクから『タイムズ』に送っていた報告をまとめたもので、発掘の光景と出土品を写した二百枚を越える写真版が添えられていた。

ミュケーナイ（一八七四年―一八七八年）

ペロポネーソス半島の、アルゴスの谷の最も奥まったところ、山々を越えてコリントスへ走るいくつかの道路が発するあたりに、ミュケーナイはあった。二つの円い岩山にはさまれた狭い谷を眼下に見おろす丘の上に、領主たちの城が築かれていた。その堅固なことと、いかにもごつごつした石塊を材料に使っていたことから、城壁はすでに古典時代のギリシア人の目にも、キュクロープス族（訳注　一つ目の巨人族）のした超人的な仕事と映じていた。伝説によれば、はじめはペルセウスとその一門が、ついで、ペロポネーソス半島の名のもととなったペロプスの子孫であるアトレウスとアガメムノーンが、ここを居城としてこの地を支配したという。しかし、はるか昔、歴史上の事件を数年、数十年という年月に固定できる時期が始まるまえに、ミュケーナイの光輝はアルゴスの町に席をゆずって色あせた。王たちの各宮殿に収められていた貴重な品の数々は、塵《ちり》に埋もれたわずかなかけらを除いてことごとく持ち去られたが、大量にこの地を覆《おお》っていた、無価値のこわれた陶器は、この丘になお残っていた小さな集落の住民には見向きもされなかった。宮殿の上部構造は崩れ落ち、破片は一様な瓦礫《がれき》の集積と化し、それから数百年後に、その上方にギリシアの神殿がそびえ立った。ただ環状囲壁の石塊だけは、かすがいやしっくいで内部を継いであるわけでもないのに、その大きさと重さによっていっさいの破壊にさからい、山の中に切り込んだ穹窿形《きゆうりゆうけい》の地下の墓とともに、古代も現在も変ることなく、古代の異様な豪華を物語る驚嘆すべき証人として存在し続けている。長さ二メートル、あるいはそれ以上もある石をたくみに継ぎ合せたこの城壁は、発見者シュリーマンがプリアモスのスカイアイ門を中に認めたトロイアの城壁とは、まったく性質がちがっていた。トロイアの城壁を形造る小さなぐらぐらの石塊は、見張りがないままに放置されているかぎりは、現代の住民の手でやすやすと持ち去られる危険があるのに反し、ミュケーナイの遺構の堅固さには、いかなる蛮行も手の出しようがなかった。ところでシュリーマンはヒサルリクの仕事をひとまず終えると、プリアモスの住居の発見に満足しながら、早くも、トロイア王の最大の強敵の居城、ホメーロスの称《たた》えるところによれば黄金に富むミュケーナイを、瓦礫の中から救い出そうという気持に駆り立てられた。

一八七四年二月末にはもう、ミュケーナイのアクロポリスで試験的に竪穴《たてあな》を掘って、瓦礫の深さを確かめようとしているシュリーマンの姿が見られる。このころフランス語でつけていた日記の中に、彼は、二日目に古代の小さな陶製の牛頭を発見したことを記し、トロイアで、顔の形をした骨壺《こつつぼ》にフクロウの目をしたアテーナー女神を読みとったときと同じように、この日すでに、「これは牛の目をしたユーノー女神であろうか」と自問している。シュリーマンはそれからもう一日、労務者を二人つれて、アルゴスの守護女神ヘーラーを祀《まつ》った大昔の神殿ヘーライオンへ行った。このときのことは、次のように日記に記されている。「ひどく寒かった。二人の労務者のうち、一人は熱を出して働こうとしなかった。もう一人もはじめは働いたが、寒さのために続けて働こうとはしなかった。それで、私一人が働かなければならなかった」

アテーナイに帰った彼は、トルコ政府がトロイアでの発掘品の半分を引きわたすことを要求して、彼を相手に訴訟を提起していることを知った。この要求が正当かどうかは疑わしかった。発見者シュリーマンは、苦労を重ねた仕事の成果に愛着を持ちながら、ありとあらゆる空想をめぐらしていた。ところが、今、その半分をコンスタンティノープルへ引きわたせと要求されたのである。当時のコンスタンティノープルには、今日のように、発掘品が整備された博物館に納められて研究の便宜に供される見込みがまだまったくなかった。訴訟と、続いてトロイアでの発掘の継続に関して行われた交渉との経過について、彼は次のように報告している。

「訴訟には一年かかり、裁判所は最後に、一万フランの補償金をトルコ政府に払えという判決をくだした。それで私は一八七五年四月、命じられた一万フランのかわりに、帝室博物館のために使ってほしいということで、五万フランをトルコの国民教育大臣あてに送った。その添え状に私は、トルコ帝国の諸官庁と協調を保ってゆくことをせつに希望する旨《むね》を述べると共に、彼らが私にとって必要であると同様に、私も彼らにとって必要ではないかということを強調した。私の贈り物は、当時国民教育大臣だったサフヴェト・パシャ閣下にこころよく受け取ってもらった。それで私は一八七五年十二月末、トロイア調査のための新たな認可状をもらいに、みずからコンスタンティノープルへ出かけて行く勇気を得た。アメリカ合衆国弁理公使メイナド閣下、イタリア公使コルティ伯爵閣下、サフヴェト・パシャ閣下、大尚書アリスタルケス・ベイ閣下ら、尊敬すべき友人たちの有力なあと押し、とりわけアリスタルケス・ベイ閣下のたゆまぬ熱意とたいへんな精力のおかげで、認可状の交付ももう間近と思われたとき、突然、私の請願は帝国参議会に拒否されたのだ！

それでアリスタルケス・ベイ大尚書は、一八七六年六月に暗殺された、当時の外務大臣ラシド・パシャ閣下に紹介の労をとってくれた。この人は、シリア総督を五年つとめた、教養の高い人だった。彼をトロイアとその遺物に熱中させるのは、私にとってむずかしいことではなかった。彼はみずから総理大臣マフムド・ネディム・パシャ閣下のもとにおもむき、私のために大いに弁じてくれた。そして実際、まもなく、これ以上延引することなく私に認可状を与えよという総理大臣の命令が出された。私がようやくこの重要な文書を手に入れたのは、一八七六年四月末のことであった。それで私はただちに、発掘を続行するためにダーダネルスへ出かけた。しかし、困ったことに、ここでも総督イブラヒム・パシャの断固たる反対に会わなければならなかった。彼は私の仕事の継続にどうしても同意しなかったのだが、その理由はおそらく、私が一八七三年六月に仕事を中止して以来、発掘の跡を見ようとするたくさんの旅行者に、彼が一種の認可状を与えるのを常としていたのに、仕事が再開されればもちろんそんな必要はなくなってしまう、ということだったのだろう。それでイブラヒム・パシャは、私の認可状の確認をまだ得ていないという口実をもうけて私をほぼ二カ月間ダーダネルスに足どめし、それからようやく発掘開始の許可をくれたときには、イゼット・エフェンディなる人物を見張りにつけた。この男の唯一《ゆいいつ》の役目は、私の妨害をすることなのだった。じきに私は、こんな状況のもとでは仕事を続けることが不可能だということをさとった。それでアテーナイにもどり、そこから『タイムズ』に手紙（一八七六年七月二十四日の紙上にのせられた）を書き、イブラヒム・パシャのやりかたを文明世界の判断にゆだねた。この記事はコンスタンティノープルの諸新聞にものせられ――その結果、総督は一八七六年十月に他州へ転任させられた」

この報告を読むと、あたかもシュリーマンが一八七六年の半ばまで、トロイアのための交渉に忙殺されていたかのように見えるかもしれない。しかし、疲れを知らないシュリーマンはその間《かん》、ギリシア本土全体を広く旅行して、いたるところで有名な土地を訪れ、そのつど土地の伝説を旅日記に、このときはギリシア語で書き記した。いや、そればかりではない。その合い間に、イギリス、ドイツ、イタリアへ行って、先史時代の収集品を、自分が発掘したトロイアの出土品と比較したりしているのである。一八七五年十月にはひょっこりシチリアに姿を現わし、古代フェニキアの城塞《じょうさい》モティエで発掘に従事したが、数日後に仕事を中止した。彼の興味はとりわけもっと古い時代に向けられていたから、紀元前五世紀の出土品には満足できなかったのである。一八七六年四月、彼はコンスタンティノープルを出発して、短期の予定でマルマラ海にのぞむキュジコスで発掘を行なったが、掘りあてたローマの遺構は、彼をここにもわずか数日しかとどまらせなかった。

「今は私も」と、上に書き抜いたシュリーマンの自伝の一節は続けられている。「トロイアでの発掘をなんの妨害も受けずに継続することができただろう。しかし七月末ごろにはもう、ミュケーナイでの発掘を再開していて、こうなったからにはすべての王墓を徹底的に調査してしまわないかぎりはやめるわけにいかなかった。私の発掘について回った成果がどれほどすばらしいみごとなものであったか、私がギリシア国民に贈った財宝がどれほど途方もなく大きく、注目に価するものであったかは、広く世に知られるとおりである。はるかな未来に至るまで、世界じゅうの旅行者がギリシアの首都に押し寄せて、そこのミュケーナイ博物館で、私欲のない私の活動の結果である品々を賛嘆し、研究するであろう」

　自信のこもったこの言葉が真実であり正当であることは、だれしも疑うことができない。発見者が時にはもっと興奮をおさえて、ミュケーナイの墓の調度がどのようにして発見されたかがはっきりわかるようにしてくれれば、と願う人もあるだろうが、そういう人にしても、やはり疑うことはできないのである。この点に関して批判しようとすれば、むろん、どうしても現場の状況をも考慮に入れなければならない。

　ミュケーナイでのシュリーマンの仕事は、三カ所で同時に開始された。城の外側の山の中腹に掘り込まれた大きな穹窿室《きゅうりゅうしつ》を、シュリーマンはギリシアの古代ベデカー（訳注　有名な旅行案内書）ともいうべきパウサニアースと同様、ペロプス一族の宝庫と考えた。十九世紀のはじめにトルコのパシャ（訳注　高官の称号）が、『最古の人々』の物語によればアトレ

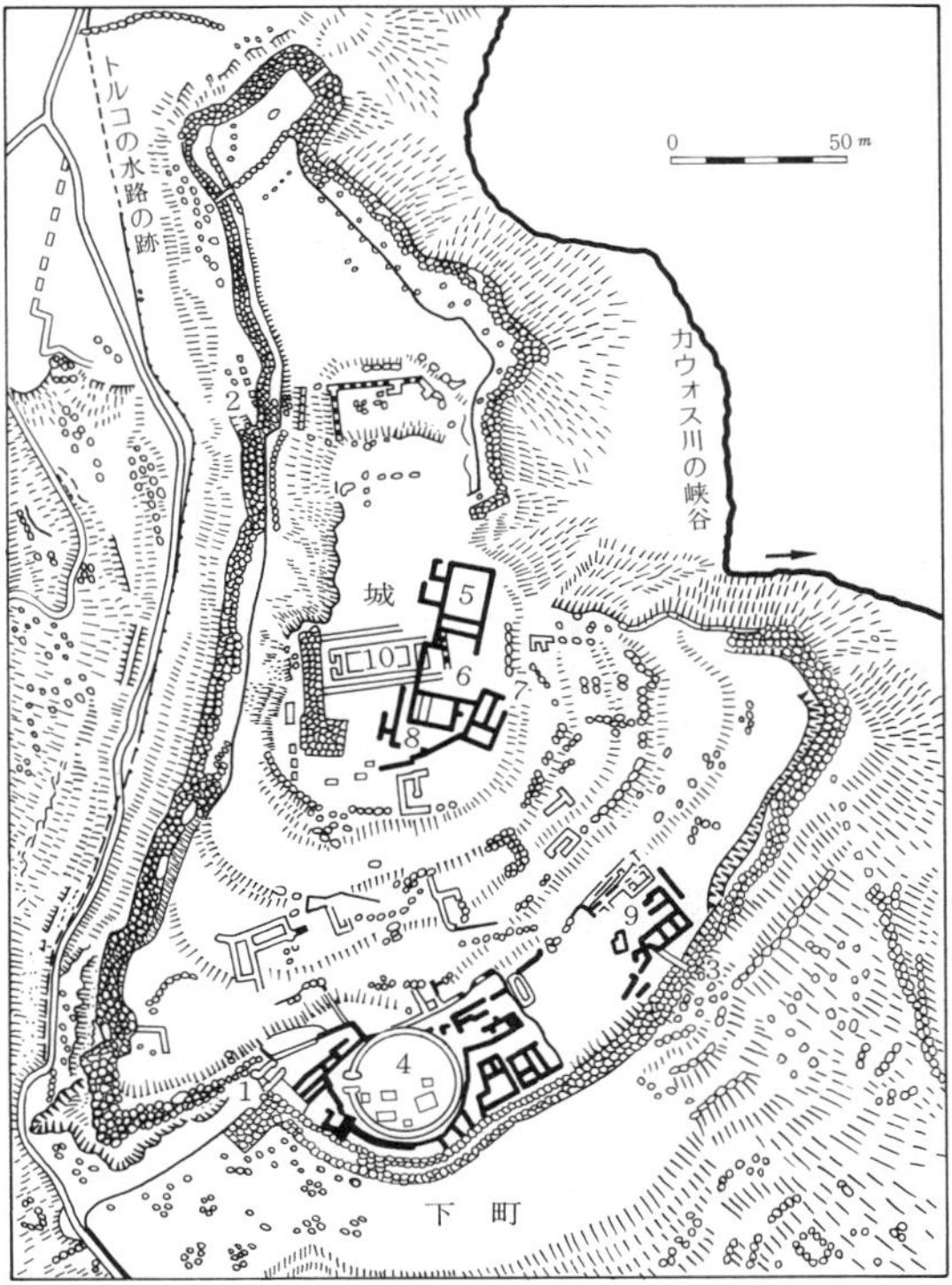

ミュケーナイの城の平面図、紀元前16―14世紀

1 獅子門　2 側　　門　　3 塔　　4 円形墓地
5 宮　殿　6 宮殿中庭　　7 宮殿に登る階段　8 控えの間
9 住　居　10 ドーリス式神殿

ウスの宝庫だという、保存状態のよい穹窿室を掘って黄金の財宝を発見したが、シュリーマンも、アクロポリスにもっと近い同じような崩れた建造物にいっぱいつまっている瓦礫の下を掘れば、やはり宝物にぶつかるのではないかという期待を持った。そこでの発掘の指揮は、シュリーマン夫人がとった。彼女は内室の中央部を底まで掘らせ、墓のドアに通

地下の穹窿墓、いわゆる「アトレウスの宝庫」　上入口、下断面図
上部へいくにしたがって、積む石の輪をせばめる、まがいの穹窿
下部の直径が14.5メートル、高さ13.2メートルで、紀元前1400年ごろのもの
1天井の平たい副室に入るドア　2ドアによる入口　3羨道

ずる狭い通路につまった瓦礫を取り除かせた。後代に建てられた部分が現われ、その管理をするギリシアの監督官スタマタキス氏の異議が出て、許される範囲までこの作業が行われたのである。この仕事の成果は、とりわけ、入口の建築様式上の細部がいくつか発見されたことである。それによれば、大きなドアは豊かで華やかな建築様式にふちどられていた。ドアの両側に、溝《みぞ》を刻んだ暗灰色のアラバスター製の半柱が立ち、その上に青灰色の大理石で造った蛇腹《じゃばら》がのって、蛇腹に取りつけられた円盤は、ここでは石材に変えられた木造建築の梁《はり》の頭部を模していた。蛇腹の上方の壁に三角形の穴があいていて、何枚かの赤い大理石の大きな板でふさいであった。しかし、黄金の財宝は、ここからは出てこなかった。これらの建造物を宝庫とする解釈が誤っていることは、一年後にアッティカで行われた発掘の際に最終的に明らかにされた。穹窿墓の中に、まだ人の手に触れられていない遺体が発見され、その建造物は遺体を豪華に埋葬するためのものだったことがわかったのである。

シュリーマンは瓦礫《がれき》に埋もれた城の主門を掘り出すことを企てて、二番目の課題を果した。この門の上には、それまでギリシア彫刻最古の作品とされていた獅子《しし》がのって、見張りをしていた。今日ミュケーナイの城へ行く人は、アガメムノーンが城に出入りするときにまたいだ閾《しきい》の上を通る。

墓　碑

しかし、群を抜いて重要で、報いられるところが多かったのは、獅子門のすぐうしろで行われた発掘であった。一八七四年に試験的に掘ってみたときすでに、城の中で最も低いこの場所が最も深く瓦礫に覆《おお》われていることをシュリーマンは確認していた。彼はパウサニアースの言葉にたよって、支配者一族の墓はたぶん、城壁の内側にあるのではないかと考えた。そして、作業開始後まもなく、深さ三メートルから五メートルのところにきわめて古い浮彫りのある墓が三つ発見されたときには、パウサニアースのその言葉を思い出さずにはいられなかった。その浮彫りには、幾重にもからみあった渦巻《うずまき》文様の間に、戦車に乗って武装した男たちが戦ったり猟をしたりしている図が描かれていた。この種の墓石がもう二つ発見されたとき、彼は八月十七日の日記にこう記している。「これらの墓が、パウサニアースの言っているものであるはずはない。というのは、彼がミュケーナイを訪れたとき（紀元前一七〇年）には、後期ギリシアのこの町でさえ、おそらくほぼ四世紀まえにすでに消え失せていただろうから。町は厚さ一メートルの瓦礫の層を残し、もっと低いアクロポリスの台地は、今日と同じように瓦礫でいっぱいだった。したがって墓は、彼の時代にも今と同じように四メートルから五メートルくらい深く瓦礫の中に埋もれていたのだ」しかし、彼はすぐにつけ加える。「それでも、アイギストスとクリュタイムネーストラーに殺されたアガメムノーンとその仲間の墓について彼の言っていることを読めば、彼がそれらの墓を見たのはアクロポリスの内側であって外側ではないことが、だれの目にも明らかである」それからさらにシュリーマンは、きわめて注目すべき多数の壺《つぼ》の破片がまじっている周囲の地面を掘っていって、発見された墓を広く弧状に取り囲んで高い石の板を二重にめぐらした円形を、徐々に掘りあてた。

この円形をほぼ掘り出し終ったとき、トルコ政府がシュリーマンに、ブラジル皇帝ドン・ペドロに随行してトロイア遺跡を案内してやってほしい、と頼んできた。シュリーマンは二週間の予定でトロイアに行き、そのあとで、皇帝にミュケーナイでの発掘をお目にかけるという光栄を担《にな》った。その間《かん》にギリシア考古学協会は、カルヴァティ村の出土品をもとにできた博物館に、発見された墓石を運び込んだ。石が取り除かれると――とシュリーマンは言う――それは、まえに考えられていたように岩盤の上に立っていたのではなく、墓を造るために垂直に岩の中へ竪穴《たてあな》を掘って、それに土をつめた上に置かれていたのだ。そういう五つの竪穴を掘りさげていって、多少深くなったところで、埋葬後、死者への供物《くもつ》を捧《ささ》げるときに祭壇として使われた石敷を取り除くと、つるはしは深さ約六メートルあたりで底にぶつかった。その底には、五つの墓の中に、おびただしい、途方もないと言ってもよい黄金の装飾品を身につけて、十五体ばかりの遺体が体を伸ばして横たわっていた。

これが支配者一族の墓であることは、その調度のきらびやかさから言って、一瞬も疑う余地がなかった。死者の顔貌《がんぼう》をそっくり写した黄金の仮面が、男たちの顔の上にのせられ、渦巻文様で豊かに飾られた黄金の板が胸を覆っていた。女たちの衣服からは黄金がこぼれ落ちんばかりであった。というのは、女が三人葬られていた墓の中に、豊富に文様のついた指ほどの長さの黄金の板が七百枚ほど見つかったからである。これが鱗《うろこ》のように、貴婦人の服を飾っていたにちがいない。彼女らはそのうえ、黄金の腕輪や耳飾りや頭飾りを身につけていて、その頭飾りにはまた多様な飾りがついていた。髪には、針の頭を水晶や貴重なガラスで造った大きなヘヤピンがさされ、たくさんの独特な動物の姿や支配者の日常生活の場面などを彫り込んだ多くの宝石が、首のまわりを飾っていた。しかし、あとに残った人々は、遺体にこのうえなくりっぱなきらびやかな衣装を着せるだけでは満足しなかった。死せる王を死者の国へ送るのに、外見をりっぱに飾り立てるだけではすませたくなかったからである。それで人々は、

ミュケーナイ様式の陶器つぼ

取っ手の二つある黄金の容器

彼岸での未来の生活に必要なものを添えてやった。貴重な香油やオリーブ油の入った土器やブロンズや銀の甕《かめ》が遺体のそばに置かれ、銀や金の杯、金をかぶせた笏《しゃく》、剣帯につるし、金銀を精巧に象眼した剣が、支配者のお伴をして墓の中へ入れられた。そして貴婦人たちは黄金の小さな箱や罐《かん》、なんのシンボルだかまだ説明のつかない黄金の秤《はかり》を墓の中にたずさえて行った。

感激が、ホメーロスへの信頼が、比類のない発見を導き出したのはこれが二度目であった。シュリーマンはトロイアででも、貴重な金属で造った王の財宝を発見しているが、ミュケーナイの宝の形態の豊かさと比べれば、なんと単純に見えたことか！　トロイアの工匠は、高価な材料を使って杯や甕を、その単純な技巧でできるかぎり大きく重く造りさえすれば、それでもう十分に領主のために尽したことになった。それとはちがって、ミュケーナイの財宝は、恐ろしく進歩した文化、自然民族の文化程度をはるかに越える文化の記念物であった。自然民族は、家事労働がかぎられているために、生活に必要な道具を素朴な形にするから、そうやって造られたものは手近な目的に使用するほかないのである。ミュケーナイの民族は、すでに芸術を所有していた。そしてこの所有物を誇りとして、芸術家や職人に、すべての日用品を、豊かに線のたわむれる好ましい装飾できらびやかにすることを要求した。陶工は手仕事で、形のよい容器に、光沢のある色を使ってもつれた線文様、とりわけ渦巻の輪舞を描き、海岸で目につく海藻、二枚貝、巻貝、多足類など、独特な生物を描いた。金細工師のさらに高級な技術は、すでにもっと高尚な題材に取り組んでいた。彼らは、貴族の装身具の一つになっていた金の延べ板の一枚一枚に、優雅に流れる豊かな文様を捺《お》しただけではなく、金と銀とエナメルを象眼して、色あざやかな生き生きとした図柄で剣の刀身を飾るすべをも実にみごとに心得ていた。彼らはまた、黄金の指輪に猟と戦いの場面や、祭祀《さいし》らしくは思えるが解釈の困難な図を彫っている。そして王が支配権の象徴をつけてほしいと要求すれば、彼らは貴金属で闘牛の図を造り、上に双斧《そうふ》をのせた。牛の体の形を心得てこなしきっているその技術は、ギリシア芸術の最も完成した時期を思わせる。

またもやシュリーマンは、歴史と芸術のために一つの新しい世界を見つけ出したのであった。このようにぜいたくな王者の華麗は、紀元前一千年紀のギリシア人には、そのいつの時代をとってみても、異様に、アジア的に思われたであろう。事実、出土品の細目の中には、古代ミュケーナイ人とオリエントおよびエジプトとの間に直接関係があったことを証明するものがたくさんあった。チャールズ・ニュートンがまず最初に、ロドス島の墓の中から「ミュケーナイ」の壺と共に紀元前一四〇〇年ごろのエジプトの陰刻入り宝石が発見されていることに、シュリーマンの注意を向けさせた。そしてミュケーナイ自体においても、出土品層の深さはエジプトの宝石と同じくらい古い年代のものであり、ギリシアの他の土地から出土した、年代測定の可能な最古の記念物と対比してみても、ほぼ同様のことが言える。それが、ホメーロス以前の時代に生きたミュケーナイの支配者一族の遺物であったことは疑いない。彼らの持っていた豪華な品々の中には、ほかならぬホメーロスの詩の描写をまざまざと思い起させるものが少なくない。ネストールが家からトロイアへ持って行った杯の取っ手は四羽の鳩《はと》で飾られていたが、墓の一つから発見された杯の、二重になった取っ手の上にも、黄金の鳩がついているのである。これらの墓はもしかしたら、パウサニアースが見たと言っているのと同じ墓、アガメムノーンとその一族の墓だったのだろうか？　さきに抜き書きしたシュリーマンの日記の部分を読めば、こういう考えかたが正しくないことを彼は仕事のはじめにはっきり知った、ということがわかる。というのは、彼自身言っているように、パウサニアースの時代にはこの墓地はあまりにも深く瓦礫《がれき》の下に埋もれていたから、後期ギリシアの時代に、ここに関してああも詳細な知識が残っていたはずはない、いや、たしかにまったく残りはしなかったはずだからである。しかしその後、王者の豪華の、目くらむばかりの輝かしさを目《ま》のあたり見るに及んで、シュリーマンは遺体のうちのいくつかが目立ってそそくさと葬られているような気がした。伝説によればクリュタイムネーストラーは、殺害した夫の埋葬をいいかげんにやったと言われるが、その話にぴったり合うというわけだ。それでたちまち、血の中に流れている空想力が湧《わ》き立ち、彼は本性のままに、自分の発見した墓がパウサニアースの述べるものと同一であることにもはや疑いをいだかなくなった。喜び勇んで、彼はギリシア国王に電報を打った。

ギリシア国王ゲオルギオス陛下、　　　アテーナイ非常な喜びをもって陛下にお知らせ申しあげます。私は、パウサニアースの伝える伝説によればクリュタイムネーストラーとその情人アイギストスの手で食事中に殺されたアガメムノーン、カッサンドラー、エウリュメドーンおよびその仲間たちの墳墓とされる墓を発見いたしました。これらの墓は、石の板を平行に二重に立てて造った円形に囲まれており、このような形態は上記の高貴な人々に敬意を表してのものとしか考えられません。私は墳墓の中に、純金の古代遺物から成る莫大《ばくだい》な財宝を見つけ出しました。これらの財宝は、それだけでも優に一つの大博物館を満たすに足り、これを納める博物館は世界でも最も驚嘆すべきものとなって、今後何世紀にもわたって全世界から多数の外国人をギリシアに呼び寄せることになりましょう。私は純粋な学問愛から働いておりますので、これらの財宝に対してもちろんなんらの要求をも持つものではありません。私はそれを心からの喜びをもって、そっくりそのままギリシアにお贈りいたします。これらの財宝が莫大な国富の礎石となりますよう。

一八七六年十一月十六日―二十八日

ミュケーナイにて　ハインリヒ・シュリーマン

十二月に、彼はミュケーナイでの発掘を終えた。部下のドロシノス技師だけが翌年の春、図面作成のためにもう一度現地にもどり、その機会を利用していくつもの大きな墓を納める円形のそばで、ちょっとした発掘を行い、大成功を収めた。シュリーマン自身は、仕事の経過を公衆に知らせるのに利用してきた『タイムズ』への報告を完成し、自著『ミュケーナイ』のためにまとめることにすでに取りかかっていた。出土品はギリシア考古学会に引きわたされ、りっぱな美術館を造るために集めて整理された。そして写真にとられ、スケッチされて、その後のシュリーマンの全著作と同じくライプツィヒのF・A・ブロックハウス書店から出版された書物の中に、それにふさわしい形で複写された。そのためこの本は、トロイアに関する最初の著書『トロイアの古代遺物』にのせられたいささか奇妙な挿絵《さしえ》よりも、はるかに信頼感を呼び起す体裁をととのえるようになったのである。この仕事の間、彼はイギリスに滞在して、豊富な資料が研究に投げかけるさまざまの疑問や謎《なぞ》を、親しい学者たちと論じ合った。ホメーロスおよびその伝説に対する信頼と、その信頼に支えられてこの叩《たた》きあげの男がかち得た成功は、イギリスでこのうえなく活発な、感謝に満ちた反響を見出したが、他の国では古い伝説の歴史的な核を検討しようという批判の感情が先に立ち、それが、シュリーマンの発掘品に対するより慎重な立場と結びついた。イギリスでは老グラッドストーン自身がシュリーマンの要請に応じて序言を書き、アガメムノーンとカッサンドラーの墓がそっくりそのまま発見されたことを根拠づけようとした。この本は一八七七年の末に、英語版とドイツ語版が同時に刊行され、シュリーマンは一八七八年に入ってからもなお、フランス語版を出すことにかかっていた。

トロイア　第二、第三の発掘（一八七八年―一八八三年）

つるはしとスコップでホメーロスの詩の舞台を明るみに出すことが、シュリーマンの生涯の目的になっていた。伝説の地で不思議な真実の歴史が演じられたことを示す完全な証拠が、彼の不屈の信念によって提出されたのだった。記念物がそれを証明した。ひとたび思い定めた目標のためにはいついかなるときでも全精力を投入する、こういうねばり強い性質の持主に、さらに活発な活動が可能であったとすれば、それはこういう成功を収めたあとのことでなければならなかった。仕事をすませたあとの休息と閑暇など、シュリーマンには無縁のものだったからである。だいたい日々の仕事においてもゆっくり休養をとることがなかったのと同様、企画も次から次へと絶えまなく湧《わ》き出した。そういうわけで、ミュケーナイの墓の仕事が終ると、彼はトロイアの発掘を再開した。

一八七三年にトロイアの発掘地を去ったとき、彼は、どこかの学術団体、たとえば国立アカデミーの一つが、彼の成功に触発されてこの地の調査続行を引き受けるのではないかという希望を持っていた。しかし、そうはことが運ばなかった。それで、自分が仕事の続行に取りかかることになったのである。その後一八七六年に交付された新しい認可状は、有効期間が二年しかなく、そうこうするうちに期限切れになってしまっていた。新しいのをもらうのにはまたさまざまの困難がついて回ったが、それも、コンスタンティノープル駐在のイギリス公使サー・オースティン・ヘンリー・レヤードの活躍と斡旋《あっせん》のおかげで切り抜けることができた。認可状が交付されるまでの時を無為に過すまいとして、シュリーマンはそのまえにもう一度イタケーに行き、十年まえにオデュッセウスの町、ポルキュスの洞窟《どうくつ》、エウマイオスの家畜小屋だと思った場所を、さらにくわしく調査した。

「多数の労務者と何台もの荷馬車を使って」――と、彼はトロイアの発掘を再開したときの状況を描写している――「私は一八七八年九月末に、トロイアの発掘を再開した。私はあらかじめフェルトの屋根の木造バラックを何軒か建てさせておいて、そのうちの九室を、自分と監督たちと従者たち、それに訪問客の宿泊用にあてた。また、無価値な出土品の保管のためと小食堂用に、木造バラックをもう一軒、さらに木造の倉庫を一つ建てた。倉庫はトルコ帝室博物館と私とで分ける古代出土品を保管するためのもので、その鍵《かぎ》はトルコの役人があずかった。私の道具類、手押し車、荷車、発掘に必要なさまざまの機械を収納する倉庫も一つ建てた。そのほかになお、台所と使用人部屋のついた石造りの小さな家、私が頼んだ十人の警備員の泊る木造の家、馬小屋もあった。これらの建物は全部ヒサルリクの丘の北西斜面に建てさせたのだが、この斜面は七十五度の角度で平野に向って落ち込んでいる。

十人の警備員はみんなルメリア地方（訳注　バルカンにあった旧トルコ帝国の領土）の難民で、私から月々四百十マルクの報酬を受け取った。しかしそのかわり、たいそう私の役に立った。当時トローアス地方の悩みの種だった盗賊どもから私を守ってくれたばかりではなく、発掘に際して労務者たちをゆだんなく見張って、不正を働かせなかったからである」

作業の重点は、一八七三年に大きな斜道と南西門の上手《かみて》で発見された建物をさらに掘り続けることに置かれた。シュリーマンはこの建物を、部屋々々はさっぱり見ばえがしなかったにもかかわらず、近くでたくさんの財宝が発見されたことから、プリアモス王その人の宮殿だと考えていたのである。比較的小さな黄金の装飾品がいくつか出土して、彼の考えを裏づけた。もっとも彼は、学界や嘲笑好《ちょうしょうず》きな世間から異議を申し立てられて疑念を起し、それ以後はもっと慎重に、この建物を「トロイア最後の王あるいは首長の家」と呼んだのだが。

冬が始まって、十一月末には仕事を中止しなければならなくなった。シュリーマンは数カ月の予定でヨーロッパへ出かけたが、二月末にはもうもどってきた。そして毎日、寒さと暗さをものともせず、警備員に守られて、一時間離れた海岸へ朝早くから海水浴に馬で出かけ、まだ日の出まえに、一日の仕事を始めるためにヒサルリクにもどってくるのである。発掘は百五十人の労務者の手で急速に進捗《しんちょく》した。シュリーマンは自分の発見を他の人の目ででも調べてもらおうとして、ミュケーナイにいたときすでに、数人の学者、特にベルリンのルードルフ・フィルヒョーに、発掘地に訪ねてこないかと招待状を出していた。そのときは、彼の努力は実を結ばなかった。ところが今度は、先史時代の発掘地に関してはドイツ最高の権威であるフィルヒョーが彼の仕事に熱烈な関心を寄せ、パリのエミール・ビュルヌフといっしょに、トロイア発掘に従事する彼の客となり仲間となったことは、心からの喜びでも満足でもあった。四つの目のほうが二つの目よりもよく見えるという古いことわざの正しさが、ここでみごとに実証された。二人の学者がもたらした新しい視点によって、仕事の規模は大きくなり、重要性が増した。彼らはトロイア平野の地質学的性質を調査して、トロイアの位置を最も古い時代に疑った懐疑の人、デメトリオスが立てた、ヒサルリクの丘の下に広がるトロイア平野はトロイア戦争後にできたものだという異論を反駁《はんばく》した。シュリーマンはフィルヒョーといっしょに、古代史の記念物に富むトローアス地方を旅行して、イーデーの山地にまで登った。また、ドイツ大使ハッツフェルト伯爵《はくしゃく》がイギリス大使サー・レヤードと共同してトルコ政府に抗議し、長い間待ち望んでいた、トロイア平野の大墳墓を発掘するための認可状を手に入れてくれたのも、フィルヒョーの斡旋《あっせん》のおかげである。まえに一度、一八七三年に、シュリーマン夫人がいわゆるパシヤテペ（訳注 テペは丘）の中へ壕《ごう》を掘らせたことがあったが、そのときは一つの墓も発見されなかった。今度はシュリーマンがその周辺で比較的小規模の発掘を行うと共に、数多くの墳墓の中でも最大の二つ、ウチェクテペとベシクテペの発掘に着手したのである。この二つの墳墓は、ヒサルリクから一時間半離れたベシク湾沿いの周辺高地に、陸と海を見おろして、一つは八十フィート、もう一つは五十フィートの高さでそびえている。この王侯の記念物の規模はあまりに巨大で、土塊を掘り取ってその中核を明るみに出すことはとうていできなかった。そのため、垂直と水平に竪穴《たてあな》とトンネルが掘り込まれた。たいへん危険な仕事だったが、こうして全力を傾注しても、墓を見つけ出すには至らなかった。掘ってゆくと、ウチェクテペの中核で、多角形の石塊を円形に敷きつめた上に立っている、高さ四十フィートの堂々たる塔の囲壁にぶつかった。しかしシュリーマンは墓そのものにはついに行きあたらなかったので、これらの丘は古代ギリシアの風習どおり、単なる見せかけの墓ではないかと考えた。それはケノタぺといい、故人の表敬のために造られるもので、遺体は実際はほかの場所に葬《ほうむ》られているのである。周辺でいろいろ仕事が行われている間に、トロイア自体でも発掘が続けられて、成果があがった。環状囲壁の周囲に沿って掘ってゆき、もっと高いところにある瓦礫《がれき》を層ごとに取り除いて、当時は焼失したとされていたいわゆる第三市を、比較的広範囲にわたって発掘しようとしたのだ。第三とは、下から数えてである。というのは、「町の首長の家」がある層の下に、もっと古い集落の囲壁が丘のはるか向うにまでわたって存在すること、そして、さらにこの集落の六メートル下に、そもそもヒサルリクの土地に住んだ最古の人間の家の跡と思われるものが残っていたことが、しだいに明らかになったからである。

一八七九年七月、シュリーマンはトロイア発掘の第二期を終えてから、ドイツへ行った。そして習慣どおりに、さっそく発掘の成果の仕上げに着手した。三カ月ぶっ通してライプツィヒに滞在したのだが、それは現場にいてできるだけ早く刊行の手はずをすすめるためであった。『イーリオス。トロイア人の町と土地。トローアス地方、特にトロイア遺跡における調査と発見』と題する著書が一八八〇年末までの彼の仕事の成果であって、これは彼のそれ以前の著作、とりわけトロイアに関するものと比べると格段の進歩を見せていた。以前の著作は新聞に寄せた報告の集成であり、したがって、日々に変る発掘の仕事の合い間に、むちゅうになった彼の心に浮ぶ当然不確かな見解をたくさん含んでいたのに反し、今度はシュリーマンが、トロイア人の町と土地について古代以来わかっていたことと、彼の発掘活動の全体を通じて明らかになったこととを、整理してまとめようとつとめたことははっきりしている。そうであればこそ、彼の忠実な友人フィルヒョーが『イーリオス』の序言でこう述べることもできたのである。「長いあいだ真剣に研究に取り組み、自分の経験したことを歴史家や地理学者の記述、詩人や神話学者の伝説的な伝承と比較して、かつての宝掘りはついに学者となった」

この著書の冒頭にシュリーマンは、こういう並みはずれた履歴の人としては当然だが、本書の前の方に大部分を転載した自伝をつけた。そのあとに、トローアス地方の地理学的状況の概観と同地方の民族学が続き、最後に、トロイアの町そのものの歴史と、ヒサルリクの丘の上にあるその位置とに関する再論がくる。それから彼は出土品を、原地盤の上に造られた集落から始めて、層位順に、時代によって整理して取りあつかった。高さ十六メートルの瓦礫の山の中に、今度シュリーマンは六つの重なり合う町を見分けることができたが、それらは全部、まだ家具の幼稚なことから先史時代のものと思われた。一番新しい第六市の上にはギリシアとローマのイーリオンが重なっていた。アテーナー神殿の彫刻と並んで、とりわけ、銘文を刻んだ厖大《ぼうだい》な量の記念物がそれを証拠だてていた。出土品はたくみに模写されて、読者大衆にわかりやすいようにされた。こうして、人類の歴史をこの地で、どんなに思いもよらない、測り知れぬ太古までさかのぼることができるかが、はじめて明らかになったのである。

熱狂家シュリーマンはこういうふうに、組織立った学問的な研究法にむりやり入り込もうとはしたものの、それでも彼の叙述のしかたには、独自の個人的な欲求に駆られてこの仕事にたずさわるに至った独創的な人物の姿がそっくり残っている。彼は彼のホメーロスに今なお忠実だった。出土品が詩人の時代より数千年古くとも、ホメーロスの詩はいわば、シュリーマンがそれを見るときに使う眼鏡のようなものだった。彼は自伝の中で、幼少時代の最初の印象がすでに彼の人生の方向を規定するものとなったことを述べているが、彼のねばり強い性質にわが身を置きかえてみればみるほど、その言葉が詩ではなくて真実であることが納得できる。父親の物語を聞いてからずっと彼の心を占めていたホメーロスの伝説と並んで、北国の故郷の巨石墳墓にも同じように見出されるおそろしく古い石器や土器が、美に満ちた古典の地で、彼の心を最も強く惹《ひ》きつけた。ホメーロス心酔者であったシュリーマンは、また情熱的な先史時代史家でもあった。壺《つぼ》の取っ手の突起には、紐《ひも》を通すために水平の穴があけてあること狂喜が多いが、たまたま垂直の穴があけてある粗造《あらづく》りのものが見つかったりすると、もっとしかねなかった。そういう古い壺が、あるコレクションの館長の手でたしかにもっと精巧なローマ時代の食器と同じ棚に並べてあることに苦情を申し立てるときなど、彼は実に真剣なのである。「同じようないくつかの壺のうちで」と彼は書いている。「私はまず、ブーローニュ・シュル・メール博物館に納められているすばらしい手造りの壺の例をあげよう。そこの館長は、先史時代の土器に無知なばかりにその壺をローマ時代のものと思って、博物館にあるローマのテラコッタの収集全部よりも価値があるというのに、それをローマ時代の土器の間に並べたのである。この言葉が館長のもとにとどいて、貴重なオイノコエ（訳注　大きな取っ手が一つっついている水差し）がもういいかげんに、しかるべき場所に置かれてほしいものだ」

この言葉はまた、彼がトロイアの出土品と比較できる記念物を求めて、どんなにヨーロッパの隅々や、方々の博物館を捜し回ったかをも示している。こういうふうに全般的な見通しをきかせるためには、さらに、彼の広範囲にわたる文通と広い知人関係が役に立った。彼は自分の仕事の持つ意義に心がいっぱいで、数多く試みた旅行の途中、その驚嘆すべき語学の才能を利用してどんな人をも相手に、自分の発掘品について語り合った。そして新しいことを聞くと、それをしっかりと記憶にとどめた。彼の著書『イーリオス』で、トロイア出土の大きな陶製の樽《たる》について発言した権威の中にビスマルク侯まで入っているのはそういうわけである。シュリーマンは一八七九年七月にキッシンゲンでビスマルクに会ったのだ。アシャンティ族（訳注　西アフリカ黄金海岸に住む黒人種族）から奪った戦利品をもとに、はるかな中国からさえ、トロイアのはずみ車に見られるスワスティカ卍《まんじ》の印の分布について報告してくる人もあった。しかしこういう偶発的な示唆《しさ》よりも、友人である多くの学者たちがずらりと並んでこの著書に寄せてくれた補遺のほうが有益であった。イギリスのオリエント学者セイスは、トロイアで発見されたはずみ車や小さな円筒に刻まれた装飾様のものの中に、文字と解していいものがあるのではないかという難問を論じた。そして、ギリシア人が文字を書くことを覚えるよりもずっとまえに、小アジアに広く普及していたアルファベットがトロイアで使われていたことを跡づけようと努めて、この疑問に肯定の答えを出した。この見解はしばしば不信に遭遇したものの、一八九〇年の発掘のときに出土したはずみ車によって強力な支えを得るに至った。それに刻まれている銘文についてはなんの疑いも残らないからである。ドイツのエジプト学者ハインリヒ・ブルクシュはシュリーマンの依頼に応じて、小アジアの諸種族に関する報告を論究した。その報告というのは、紀元前二千年紀をさかのぼるエジプトの銘文の中に含まれているものである。長年にわたってトローアス地方を知り、そこの市民といってもいいアメリカ人、フランク・カルヴァートは、シュリーマンの著書の中で、ヒサルリクから一時間ばかり離れたところにある自分の農地テュムブラで試みた発掘について報告している。他の人々もそれぞれの専門に応じて補遺を寄稿した。とりわけ、共に仕事をした二人、フランス人エミール・ビュルヌフとドイツ人ルードルフ・フィルヒョーは、この本を書きあげるのに力をかしてくれた。ビュルヌフは特に、自分で作った発掘地の見取図を、また地質学的な研究の結果を提供し、フィルヒョーは自然科学と先史学の領域における広い知識のすべてをあげて協力した。しかもフィルヒョーのそういう知識は、シュリーマンと同じような、ギリシアの詩と英雄伝説に対する感激と結びついていたのである。シュリーマン自身は別として、『イーリオス』の序文を書くのにフィルヒョーほど資格のある人はいなかったし、また、彼よりもみごとに書ける人もいなかったであろう。彼の暖かい美しい言葉には、ここでなしとげられた偉大な仕事と、それをなしとげた人物とに対する明確な価値評価がこめられていた。そして特に、シュリーマンという人間に対する評価は、それまで各方面からシュリーマンの仕事に批判が加えられるときにはかならずついてまわった過小評価と嘲笑《ちようしよう》とに対して、決して不必要なものとは言えなかった。

「シュリーマンが調査を始めるときに」と、フィルヒョーは書いた。「正しい前提から出発したか、それとも誤った前提から出発したかということは、今日では無意味な問いである。成功によって彼が正しいと判定されただけではなく、彼の調査の方法も正しかったことが実証されたのだ。彼の前提は大胆にすぎた、いや恣意《しい》的であったかもしれないし、あの不滅の詩の繰り広げる魅惑的な画像が彼の空想力をとろかしすぎたかもしれない。しかしこの心情の欠点、これを欠点と言ってよければだが、この中にまた彼の成功の秘密もひそんでいたのである。たしかな、いや熱狂的な信念につらぬかれたこの人を除いて、一体だれが、長年にわたるああいう大事業を企て、私財からああも莫大《ばくだい》な資金を投じ、果てしなく積み重なっているように見える廃墟《はいきょ》の層を掘りぬいて、はるか下に横たわる原地盤に到達したであろうか。もしも空想力にスコップが動かされなかったら、焼けた町は今日なお地中深く埋もれているであろう」

シュリーマンが本文の結びとした、いかにも彼らしい言葉をもここに出しておくことにしよう。「つるはしとスコップをもってする歴史的な調査は今日、学者たちの注目を集めるに至っているが、これが今後ますます発展して、ついには偉大なギリシア民族の暗い先史時代の上に明るい日の光を広げるようになってほしいという希望を強く表現して、本書の結びとする。つるはしとスコップをもってするこの調査が、神々《こうごう》しいホメーロスの詩に描かれた事件は神話的な物語ではなく、現実に起った事実に基づいていることをますますはっきりと実証するようになってもらいたい。そしてまたこの実証によって、すばらしいギリシアの古典作家たち、特にあらゆる文学の輝く太陽ホメーロスを研究するという高貴な仕事にだれしもがいだく愛情を、ますます深め、強めるようになってもらいたい。

私は今、私欲のない自分の仕事に関するこの報告を、いやがうえにも謙虚な気持で教養ある世界の法廷に提出する。この私の生涯をかけた大目標を達成するために私が有効な寄与をしたということが一般世間に認めてもらえるならば、それは私にとって最高の満足であるし、私はそれを、私の名誉心に追求できるかぎり最もすばらしい報酬と見なすであろう」

「トロイアの古代遺物を集めた私の大コレクションには測り知れないほどの価値があるが、それを売り払うことは絶対にしない。私がまだ生きているうちに寄贈しなければ、遺言の定めるところによって、私の死後、私が最も愛し尊重する国民の博物館の所有に帰することとする」こう、シュリーマンは自伝に書いた。彼がこう書いたとき、自分の祖国を思い浮べていたとそのまま信じ込むことはできない。彼は、他のすべてに絶望して船のボーイになり、ベネズエラに行こうとしたあのとき、すでに祖国に背を向けたのだ。彼はロシアで一財産作った。アメリカで市民権を得、理想を追う努力と冷静に計算する商才とがまじり合っている点で、気質的にアメリカ人に近かった。古代ギリシアの伝説と文学に対する感激からギリシアへわたり、ここに家庭を築いた。その研究はイギリスで最もさかんな喝采《かっさい》を浴び、二年まえからサウス・ケンジントン博物館でトロイアでの収集品が展示されていた。七〇年代に書かれたその著作は、まず英語で執筆された。旅行のスピードが速かったから、教養ある世界はどこもシュリーマンの家のようなものだった。となれば、彼が最も愛し、尊重した国民とは、どの国民のことだったのだろうか？

トロイアの古代遺物が今日ベルリンにある（原注　一九四五年に消え失せた黄金の財宝は別である）のは、フィルヒョーがトロイアの記念物に関するあらゆる問題に通じていたこと、シュリーマンが友情と尊敬でこの人と結ばれていたこととに負うと考えるべきであろう。一八八一年一月二十四日付で、皇帝ヴィルヘルム一世は次のように決定して寄贈者に感謝した。「上記のコレクションはプロイセン政府の管理下に置き、その後は目下ベルリンに建設中の民族学博物館に、これにふさわしい展示をするのに必要な多くの特別室を設けて収蔵し、その収蔵室には永久に寄贈者の名を冠する。同時に――と勅令は続く――私は、貴殿が学術にとってかくも重要な意義を持つ収集を寄贈して祖国に熱烈な忠誠を示されたことに対し、感謝と心からなる称賛の念を表明すると共に、貴殿が今後もなお、私欲なき活動を続けて祖国の名誉のために学術に従前と変らぬ貢献をされるよう希望してやまぬしだいである」そして、この研究者にこのような尊敬と感謝の念を表明したのは皇帝だけではなく、シュリーマンはまた、長年にわたる彼の活動の成果を今それにふさわしく展示したこの町ベルリンによって、ビスマルク、モルトケと共に名誉市民の一人に選ばれるという満足をも味わった。そのとき以後、シュリーマンはしばしばベルリンに滞在し、物を書くときにはそれ以前よりもドイツ語を使うことが多くなった。

他の人だったら、六十歳にもなってこんなに成功し、成果を収めたのちには、満足して引退したであろう。しかしシュリーマンのようなたちの人には、それは似つかわしくないことだった。絶えざる要求にきたえられた彼の肉体は、老年の衰えを感じなかったのである。生れつき休みない活動欲にあふれていた彼には、いつしか学者の一面が乗り移っていた。学者は、獲得した認識を、未知のものへ新しく研究を進めるための出発点としか考えず、したがって仕事の終りを知らないものなのだ。著書『イーリオス』の印刷が終ったかと思うと、もう一八八〇年十一月と十二月には、ボイオーティア地方のオルコメノスで、妻と共にいわゆるミニュアースの宝庫の発掘にたずさわっている彼の姿が見られる。

　トロイアの位置にぴったり合う、ほかならぬこのヒサルリクの土地がどんなに古い歴史を持っていたかはもう実証されていた。大きな環状囲壁とそれを覆《おお》う深い焼土層は、トロイア戦争の史的真実性を具体的に証言しているもののように思われた。しかし、トロイアはなんと小さかったことか！　一番広いところでも二百メートルもなく、もし家が全部七階建てだったとして、ようやく三千人が住めるか住めないかというところだったろう。それにもかかわらずシュリーマンは『イーリオス』の中で、プリアモスの町はヒサルリクの丘の上にかぎられていたと主張している。つまりホメーロスが聖なるイーリオスを街路の広い整然たる町と称《たた》えているのは――とシュリーマンは結論した――詩人の時代にはとうに瓦礫《がれき》に埋もれ、のちの居住地の下になっていた英雄事跡の舞台を、伝説に従い、詩的自由を活用して拡大したのである。『イーリオス』刊行後に最も激しく批判されたのはこの点であった。町の首長の家が、今日のトルコ人農夫の住居のように見すぼらしかったなどと、人々は信じたくなかったのである。シュリーマン自身もやがて、自分の考えに自信が持てなくなった。これまではどこにスコップをおろしても、ホメーロスの言葉に対する彼の信頼はついぞ裏切られたことがなかった。それで彼は一八八二年に、十分な確信を持ってあらためて仕事に取りかかった。それは、ヒサルリクの丘に隣接する土地をこれまでよりももっと入念に調査し、プリアモスの町の像に、ホメーロスによればそれにふさわしい広さを与えるためである。その前年に彼は、この地方でトロイア人の他の居住地をもっと見つけ出そうという計画をたてて、そのためにトローアス地方全体にわたって数週間の旅をしたが、ヒサルリクの丘ほどに深い瓦礫が積み重なったところはどこにもなさそうだったので、トロイア以外の地でかなり大がかりな発掘をすることは取りやめにした。

一八八二年を迎えて、シュリーマンの仕事とその結果は別の様相を呈してくる。今はトロイアとミュケーナイの財宝の発見者として称えられるシュリーマンが、自分の調査に不備な点が残されていたことを認めたという事実は、彼の学者としての炯眼《けいがん》を最も雄弁に証拠だてるものと言っていい。たしかに彼は、瓦礫の中から取り出されたものならば、はずみ車のように数が多くとも、あるいは石槌《いしづち》のように粗造《あらづく》りでも、あるいはまた、幸運に導かれて発見した王家の黄金の財宝でも、倦《う》むことなく収集したし、個々の出土品の意味と、そのかつての使用法を探ろうと努力を重ね、フィルヒョーその他の学者たちに誠実で信頼できる助言者になってもらった。しかし何かが欠けていた。先史時代の記念物を研究する学問は、ふつうはたいてい、散在する簡素な墓から材料を仕入れる。しかし、ここトロイアには、堅固な城壁をめぐらした大きな施設が残っており、それがどうしてできたか、かつてはどういうふうに見えたかを確認するためには建築家の仕事が必要だった。シュリーマンがこの困難な任務に適した人を見つけ出したという点に、彼の幸運と、人間を見る目の確かさとが実証されている。

一八八一年に、ドイツ帝国によるオリュムピアでの発掘は終了していた。それはギリシアの地で行われた最初の大発掘で、ありとあらゆる手段を動員して観察がなされ、建築家、芸術史および金石文の学者が一堂に会し、協力し合って出土品を調査した。ちょうどベルリンで建築士試験に合格したヴィルヘルム・デルプフェルトはそのあとで仲間に加わり、五年間アルティス（訳注　オリュムピアの聖域）での仕事で修業して、古代建築を理解する鋭い目を養った。シュリーマンはすでに、故国のアカデミーで賞を受けたウィーンの建築家と、トロイアでの発掘のために契約していた。彼が自分の仕事に残っている空隙《くうげき》をうずめることをどんなに大切に考えていたかは、一八八二年はじめにデルプフェルトがドイツ考古学協会の建築家としてアテーナイにきたとき、すぐに新しい活動の仲間に引き入れたことでわかる。

この活動は一八八二年三月から七月まで続いた。またもやたくさんの先史時代の家具が瓦礫の中から出てきたが、主な収穫は、明るみに出された建築物が、建築家たちの協力によって明確な姿になったことである。彼らの熟練した目は、大きな環状囲壁に守られていた城の焼土層の上に「町の首長の家」の壁が築かれていたことを見抜いた。言葉を変えれば、焼けた町は下から数えて二番目の「市」であって、シュリーマンがそれまで信じていたのとはちがって、第三の市ではなかったのである。すでに述べたように、丘には何度もくり返して植民が行われ、そのたびに家々は破壊されて、のちに家を建てるのにじゃまになる部分は取り払われた。こうして今は、基礎壁が網の目のように縦横に走っていて、一見したところ迷宮のようだった。しかし遺跡をていねいに清掃し測量すると、一つの建物の輪郭が、もっと深いところにある第二の建物の基礎からはっきりと浮びあがってきた。空間的、時間的に連続するいくつもの建築層を図面の中で互いに切り離すことによって、迷宮の謎《なぞ》は解けた。こういうふうにしてはじめて、環状囲壁の内部に広い建物が建っていたことを跡づけることができた。それは間口が狭く、奥行きの深い建物で、統一的なプランに従っていくつも並べて建てられ、中でも一番大きくて堂々とした建物が中央にあって他を圧していた。入口のホールと、そのうしろに長方形の大きな聖所のある配置はどれもこれも同じで、最も単純なギリシアの神殿の造りかたを思わせた。しかし円柱はまだ出てきていない。加工した石は扉の閾《しきい》として、また、囲壁の最も外側の張り出しのところにも使われていたが、後者の場合は、日干し煉瓦《れんが》で造られた囲壁の板張りのかわりに、立て板の役を果していたのである。屋根はつき固めた粘土《ねんど》の塊のようだった。そのために、これらの建物は材料から言うと農家風に単純に見えたにちがいないが、それでも、広い部屋々々、高い丘の上の位置、防衛のために築かれた巨大な環状囲壁は、誇らかな言葉を語り、その持主である君主一族の権力を物語っていた。輪郭がギリシアの神殿と全般的に似かよっているために、これらの建物も最初はそう解釈された。ティーリュンスの発掘によってはじめて、これも同じく支配者の宮殿だということが明らかになったのである。しかし、いかにも支配者のものらしい広大な施設であることが証明されて、トロイアのあの栄光の時代にはこの丘の上に民衆の住居がなかったことだけは、もうこのときからまったく疑う余地がなかった。したがって、たとい時という暴力により、のちの時代の入植により、あるいは鋤《すき》の仕事によって、家々が一軒も残っていなくても、庶民の家のために下町があったに相違ない。事実、もっとくわしく調べてみると、丘のうしろの台地の、かなり深い地層の中から、非常に古い破片がたくさん見つかったのである。だから、この土地はまだ、もっと広い範囲にわたって、城からもっと離れたところまで発掘されてはいないけれども、かつてこの場所に下町があったことは確信してよい。丘の上には大きな町の城、ホメーロスの言う、イーリオスの町にのぞむペルガモスしかなかったのである。こうなってはもう、ホメーロスが整然とした、街路の広い聖なる町と歌ったのを詩的誇張だとする非難はあたらない。

このようにしてシュリーマンは、建築家たちの力を借りて、掘り返された土の中から、価値の点で一八七三年の黄金の容器にいささかも劣らない新しい宝を引きあげたのだ。それは紙の上、図面の中にのみ描かれた宝だったが、それによっておとぎ話のように古い時代の建築様式に、明るい光があてられたことを思えば、このうえなく重要な発見物であった。

こういう仕事と取り組んでいる間にも、シュリーマンはヒサルリクの外でいくつかの発掘の試みをやっていた。またもやいくつもの英雄の墓を明るみに出そうとしたのであって、その一つは、実にダーダネルス海峡を越えたトラーキア地方のケルソネースの先端にある、いわゆるプローテシラーオスの墳墓であった。ここでもトロイアのと同じ土器にぶつかるのは興味深いことであった。しかし、近くにあるトルコの要塞《ようさい》の司令官が作業の中止を命じ、シュリーマンが、費用は出すが立ち会うことはしないからあなたのほうで仕事を続行してほしいと申し出たのにも応じなかったために、残念ながらこの地での発掘はまもなく取りやめになった。

一八八二年の発掘の大成功は、トルコの文部省が監視のために任命した委員と絶えず戦いながらかちとらなければならなかったものだけに、ますます高く評価されるべきである。委員になった砲兵隊司令官は、シュリーマンの発掘の目的は、ひたすら、ヒサルリクから一時間ばかり離れたダーダネルス海峡の防備施設の見取図を描くことにあると思い込んでいた。そのために、発掘地内ですら測量機械の使用が禁じられただけではなく、委員は、建築家たちが測量をし、記録をとり、図を描いているのかどうか、自分や部下の監視人たちには見わけがつかない、とまで言いきった。それで彼は、発掘地内で何かを書きつけたり図を描いたりすることを禁止し、シュリーマンの言によれば、違反したときは逮捕して、鎖につないでコンスタンティノープルへ護送すると、絶えず建築家たちをおどし続けた。学術的な意図を持つものだといくら保証しても、ドイツ大使館がいくら抗議しても、砲兵隊司令官の頑固さに対してはなんの成果も得られなかった。ビスマルク侯が取りなしてくれてさえ、大使館はようやく、不十分ながら禁令を緩和してもらうことができただけだった。この年の暮に発掘が終って、ラドヴィッツ氏がコンスタンティノープル駐在の大使になり、スルタンからじきじきに、必要な図面を遅ればせながら作成することを認める認可状をもらうことができた。この図面を飾り、A・H・セイスの序文をつけて、一八八三年の暮に、『トロイア』が刊行された。シュリーマンはこのときの発掘の結果を、この著書の中にまとめている。

ティーリュンス（一八八四年—一八八五年）

ミュケーナイから数時間下へおりた平坦《へいたん》な浜辺の近くに、長く伸びた丘が幅広い谷間の平地からわずかに隆起している。この丘に、ティーリュンスの支配者の居城があった。丘を取り巻く環状囲壁は、ミュケーナイのそれと同じく、荒けずりの威厳を誇示している。この城壁についても、古人は、キュクロープス族が伝説的な王プロイトスの委託を受けて築いたものだという物語を残した。地理的に近かったために、ティーリュンスはまもなくミュケーナイに従属するようになった。伝説によれば、ティーリュンスの人ヘーラクレースは、ミュケーナイ王エウリュステウスに仕えたという。アルゴスの支配者たちがとうとうミュケーナイに屈服したとき、ティーリュンスの古い王城も、ミュケーナイの城と同じく荒廃の運命をたどった。このように古い時代に荒廃したおかげで、紀元前二千年紀の支配者の居城の実像は、絶えず建て替えと入植がくり返されたトロイアのペルガモスでより、ここティーリュンスで、はるかにはっきりと明るみに出すことができたのである。

すでに一八七六年八月のはじめに、シュリーマンは一週間ここの城の台地で発掘を行い、それからミュケーナイで運だめしをしたのだった。そのときにも二、三の建物の跡にぶつかっていたが、その価値を彼が意識したのは、前章に述べたトロイア発掘の結果がわかったあとのことである。こうして彼は、『トロイア』のドイツ語版と英語版を完成し、『トロイア』と『イーリオス』の二書をまとめて同じく『イーリオス』と題するフランス語の著書を片づけてしまったあと、一八八四年三月に、ギリシア政府の側から許可を得ていたティーリュンスの大規模な発掘に着手した。仕事のうち、建築学的な部分のためには、再びデルプフェルトの助力を確保した。発掘は一八八四年と一八八五年にわたり、合せて四カ月半かかったが、一八八五年の分は、シュリーマンの委託を受けたデルプフェルトが独力で仕事を片づけた。シュリーマンはティーリュンスから一時間ほど離れたナウプリアの町に宿をとった。この徹底して実際的な人物が、どういう暮しかたをしたか、そしてそれを自分でどう描写しているかを、彼の著『ティーリュンス』の序文で読むのは、たいへんおもしろい。

「私はいつも」――と、そこには書かれている――「早朝三時四十五分に起き、熱病の予防のために四グレイン（訳注　一グレインは〇・〇六四グラム）のキニーネを一服飲んで、それから海水浴をするのが習慣であった。一日一フランで雇った船頭が朝の四時ちょうどに港で私を待ち受けていて、沖へ舟を出し、私は舟から水に飛び込んで五分か十分泳ぎ回った。この男ははしごを持っていなかったので、私は舟にもどるのにいつでも舵《かじ》を伝ってよじ登らなければならなかった。しかし長い間の習慣でこの手順には慣れていたから、ついぞ事故を起したためしはない。海水浴をすますと、私は、いつも早朝からあいているコーヒー・ショップ〝アガメムノーン〟でにがいブラック・コーヒーを一杯飲んだ。ほかのものはみなひどく値あがりしたのに、ここのコーヒーは依然として十レプタ、すなわち八ペニヒという昔ながらの安い値段で飲めるのである。一日六フランで雇ったりっぱな乗用馬がもうコーヒー・ショップのそばで待機していて、私は速歩で馬を飛ばして二十五分後にはティーリュンスにもどるが、そのときはいつもまだ日の出まえだった。そしてすぐに馬を送り返して、デルプフェルト博士をもつれてこさせた。朝食は朝の八時、労務者の最初の休憩時間に、ティーリュンスの古い宮殿の柱脚に腰をおろしてとるのが例であった。食事の内容は、私の尊敬する友人、ロンドンにあるJ・ヘンリー・シュレーダー商会の人たちがたくさん送ってくれたシカゴ・コンビーフと新鮮な羊乳チーズ、オレンジ数個、それに、樹脂をまぜた白ぶどう酒（レッィナト）であるが、このぶどう酒はにがいのでキニーネとよく合い、暑くて労働がきびしいときには、はるかにきつい赤ぶどう酒よりも受けつけやすい。労務者の二度目の休憩時間は正午から始まり、はじめは一時間だけだったが、のちにはひどく暑くなったために一時間四十五分に延長され、その間私たちも休んだ。その際、城の南端にある脱穀場の二つの石が枕《まくら》のかわりになった。働き疲れたときほどよく眠れることはない。読者のかたがたに保証してもいいが、私たちはティーリュンスのアクロポリスでの昼休みほどこころよい眠りをむさぼったことがない。しかも寝床は堅く、焼けつくような太陽を防ぐのに、インド帽を顔の上に横にのせるしか方法がなかったのである。二度目の、そして最後の食事は、晩ホテルに帰って、そこのスナックでとった」

この王の居城の遺跡について、古代にパウサニアースがこう書いている。「ティーリュンスのただ一つの遺物である環状囲壁は、キュクロープス族によって築かれたものである。それは切りそろえてない石で造られていて、その石の一つ一つはたいへん大きく、二頭の騾馬《らば》を使っても、一番小さな石さえ動かすことができないであろう」

廃墟《はいきょ》のつるはしとスコップが、なすべき仕事を果し、鋭い観察が、明るみに出された廃墟の修復を教えてくれた今日、私たちは、ギリシアの地に立っていた最古の君主の城の一つがどんなふうに見えたかについて、この言葉よりもなんと多くを物語ることができるであろうか!

今、シュリーマンとデルプフフェルトの著書に導かれて、ティーリュンスの斜道を登り、すさまじい自然の力ででも築かれたようにがっしりと荒けずりにそそり立つ囲壁の狭い入口を通って、ゆるやかな登りになる暗い通路へ曲ると、かつてはミュケーナイの獅子門《ししもん》と同じ形をして道をふさいでいた門の跡に達する。その背後で道は少し広くなるが、われわれはまだ、大きな城壁が身近に迫るようにしてずっと先まで続いているところから出られない。やがて前広場に達する。左手の城壁の中には天井の低い歩廊がいくつも口を開けている。城の番兵はここに泊ると同時に、その下方の奥、厚い城壁の内部に造られている倉庫部屋への入口をも守っていた。右手には第二の楼門が立っているが、それは大きさから言って、まだわれわれを取り囲んでいる城壁のいかめしさに相応している。円柱に支えられたそこの歩廊を通り抜けると、もう城内で、王宮の広い前庭になる。そして王宮衛兵所の部屋々々を通過すると、支配者その人の住居に通ずる優美な門の前に出る。門がこういうふうにいくつも続いていることから、領主はスルタンのように民衆から離れて暮し、衛兵や宮内官のさまざまの段階を突破したのちにようやく謁見《えっけん》がかなう、というような生きかたをしていたのではないかと思われる。この丘に宮廷が営まれていた時代には、庶民がいくつもの前庭を通ってテイーリュンス王の前まで出たことはほとんどなかったであろう。しかしわれわれは、身分の高い王の友人たちの列といっしょになって、王に近づいて行こう。われわれは

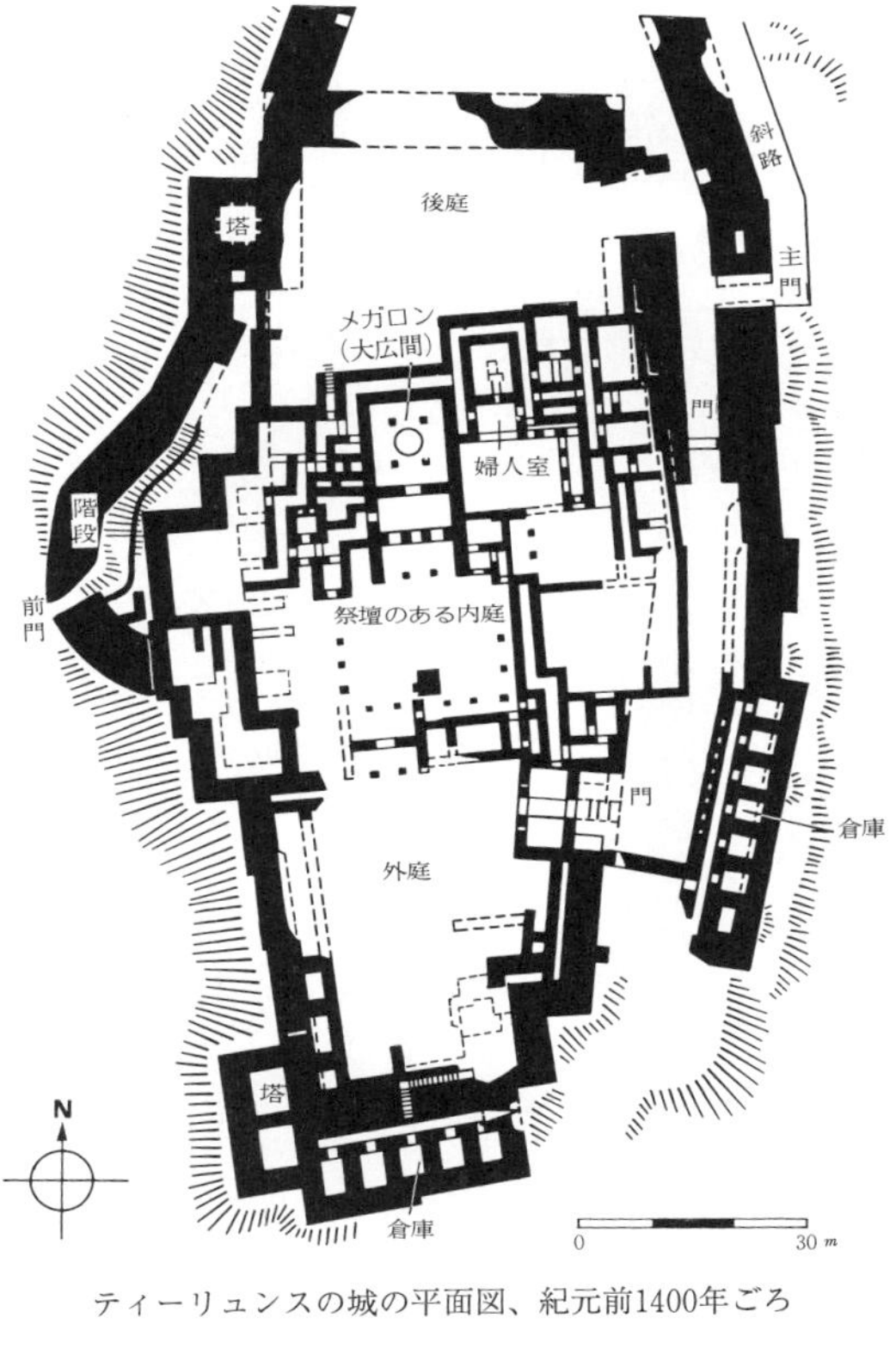

ティーリュンスの城の平面図、紀元前1400年ごろ

広い前庭から、楼門の前方歩廊に通ずる階段を昇り、後方歩廊に通ずるドアを通り抜ける。再びわれわれは広い庭に入るが、そこに施されている豊富なここちよい装飾によって、王の住居が近いことを知る。地面は清潔なたたきに覆《おお》われ、木の円柱に支えられた歩廊が庭の四方を取り囲んでいる。その歩廊の上には色あざやかな梁《はり》がそびえて遠くまで影を落しているために、浮世ばなれした静かな庭は、回廊のある修道院の庭に似ていないでもない。歩廊の前、宮殿に通ずるドアと向い合ったところに祭壇が立っている。ここで王は家の守護神に敬意を表して、穴の中に牛の血を流し込ませた。王一族の先祖が守護神の手からいけにえを殺す斧《おの》を受け取ったのである。ただその場合、支配者は南国の明るい空にしか目を向けることができなかった。ここが狭いために、王は人民と国土から切り離されていたからである。祭壇の向うから、われわれの目ざしてきた目標が合図を送ってくる。そこには、王の広間を背後にひかえる門の歩廊が堂々と壮麗にそびえ立っているのである。国内の、また国外から招かれた芸術家たちが支配者のためにふるうことの

宮殿の壁画

できるあらゆる技巧が、ここにはくり広げられている。上に行くほど太くなる高い円柱には一面に装飾が彫り込まれ、壁柱には珍しい木材が上張りされ、そのまた上に青銅の薔薇《ばら》形装飾が優雅に並んでのせられている。壁の腰はアラバスターの板で、白くすき通るように輝き、その板のリズミカルに動く文様の中から、そこにはめ込まれたガラス溶塊がきらきらと光を放つ。壁そのものは、さまざまの空想的な動物の間に牛狩りや王たちの戦いを描いた色あざやかな絵で覆われている。三つの広い両開きのドアが大広間の控室に通じていた。しかし異国からきた人は、中に入るまえに控室のわきのドアを通って浴室に行った。体を清浄にし、十分に香油を塗り、衣服をととのえてから王の前に出るためである。広間へ通ずるドアには壁掛けがかかっている。幅の広い石の閾《しきい》をまたぐと、弱い光に包まれる。中央が高くなった木造の天井のわきにあけたいくつかの穴から、わずかに光がさし込んでくるのである。四本のほっそりした円柱が屋根を支えている。その中央に多彩な装飾を施した円形の炉があって、そこから煙が窓の穴へ昇って行く。

宮殿の描写はこれで十分だろう。きわ立って豪華な支配者の部屋々々を、いくつもの小さな部屋がごたごたと取り囲んでいる。廊下をたどって行くと婦人たちの住居に行きつくが、ここは他の部分と密接に連絡していながら、それ自体独立していて、同じように、付属の中庭と広間と小部屋を持っていた。それに、召使用の部屋と管理棟が加わる。しかし、それらの配置と、さらに、全体を取り巻いて諸処に出撃門や塔や倉庫を配する、防備のための環状囲壁の配置とをはっきりつかもうと思えば、著書『ティーリュンス』に添えられた図面を必要とするであろう。ともかくここでは、シュリーマンとデルプフェルトとが紀元前二千年紀の領主の城の像をどんなにはっきりと再現するのに成功したかがわかれば、それで十分なのである。

ティーリュンスの城がミュケーナイの城や墓と同じ偉大な文化期のものだということは、多くの技術的な細部と、装飾形態の一致とによって明らかであった。それより八年まえにシュリーマンは、墓の中から死者祭祀《さいし》の尊厳と、以前には未知だった世界に生きる領主の輝かしい姿とをみごとによみがえらせたのだが、今、ティーリュンスの発掘は、ほかならぬその王たちが住んだ住居の復原を可能にしたのである。そしてひとたび、この建築法と美術工芸の独自な点が注目を惹《ひ》いてからというものは、エーゲ海周辺、すなわちアッティカ、ボイオーティア、テッサリア、ギリシアの島々の多く、小アジアの海岸、いやそればかりか、エーゲ海を越えてキュプロス、ナイル川三角州、シチリアでまで、とりわけ穹窿墓《きゆうりゆうぼ》や竪穴墓《たてあなぼ》、「ミュケーナイ」様式の器具や容器が出てこない年は一年もなかった。シュリーマン自身なお、ボイオーティアのオルコメノスを掘って、同時期の遺物をさらにくわしく世に知らせた。彼は一八八六年に、今度はデルプフェルトと共に再度そこへ行き、その地の穹窿墓をもっと広い範囲にわたって発掘したのである。その墓は、ミュケーナイに近い「アトレウスの宝庫」とよく似てはいるが、ただもっと豪華に造られている。大きな穹窿室の隣にある墓室の中を片づけてみると、暗緑色のスレート板でできている天井は、まるで絨毯《じゆうたん》のように、一面に線状の装飾、渦巻文様、薔薇形装飾で覆われていた。これらはすでにエジプトの記念物でよく知られていた装飾形態である。

どこでこの「ミュケーナイ」期の遺物にぶつかっても、かならずそこには、豪華さを展開し、貴金属と宝石を特に好んで使うという同じ傾向が見え、線状装飾と絵の文様には同じ独特の様式感覚が認められた。このようにしてキュプロスからシチリアへ、テッサリアからギリシア半島の南部へかけての地域で、互いに関係の深い記念物が発見されているが、それは、きわめて頻繁《ひんぱん》な海上交通と、ある時代に地中海域のこの境界地帯で主導権を握った民族の繁栄との結果に相違なかった。その民族とはどの民族だったのか？　ギリシア人だったのだろうか？

ホメーロス以後には鉄が人間を惹きつける。鉄の道具あるいは武器が「ミュケーナイ」様式の記念物といっしょに出てくることはないし、この時代の人々はもっとやわらかい貴金属の細工には実にみごとなうでを持っていたのに、もっぱらブロンズ、どころかまだ石の道具さえ使っていた。この一つの事実によるだけでも、この文化のほうがはるかに古いことが証明された。とはいえシュリーマンが、それと叙事詩の時代とは関連があること、そして、叙事詩がとうの昔のこととして英雄たちを生かし戦わせた時代とはもっと深い関連があることを指摘したのは正当である。叙事詩が賛美するミュケーナイの黄金の富は、出土品によってみごとに実証されていた。ネストールの杯とそっくりのものが、ミュケーナイの墓の中から見つかっていた。そこへもってきて、本質的な点で、ホメーロスに歌われる支配者の家と驚くほどぴたり一致する宮殿が、ティーリュンスで発見されたのである。王の大きな男子用広間で、求婚者たちが飲み食いする。男子用広間でパイアーケス人の王がオデュッセウスを迎え、炉に近い円柱によりかかって糸をつむぎながら、アレーテー王妃も同席する。ペレウスの宮殿においてもオデュッセウスの宮殿においても、ゼウスの祭壇は中庭にあった。そして中庭は音のよく反響する柱廊に取り囲まれている。こういう場所はすべて、それら相互の関係もまったくそのまま、ティーリュンスにも見出される。どちらの場合にも、男子の住居と女子の住居は、同じとは言えないまでも似たようなやりかたで別々に切り離されているのである。アカイア人の中でも最も富裕な領主が居城を置いていたと言われるところ、すなわちシュリーマンが黄金の財宝を発見したミュケーナイにおいて、それはとりわけ顕著だった。そして、彼の発掘と、そのあとギリシア考古学協会に引き継がれた発掘とによって、なおも領主の居城から出た記念物を含む最新の層が、まだ完全にかの文化に属していることがはっきりした。このことによって遺物が伝承と一致することがわかる。歴史によれば、ミュケーナイ王国はすでにホメーロス以前の時代に亡《ほろ》ぼされるのだが、今われわれの見るところも同じで、王城は叙事詩の時代よりもまえにもう荒廃してしまっているのである。シュリーマンはほんとうにアトレウス家の城を掘りあてたのであって、ホメーロスの伝説は、実際になおこの支配者一族を想起させた、という結論は避けがたい。

これらの事実からシュリーマンその他多くの人々の引き出した結論は、東部地中海海盆の海岸や島々に残る「ミュケーナイ」文化は、ホメーロスの描く戦いの時代、ホメーロスの詩に登場するアカイア人にまでさかのぼる、ということだった。歴史時代にはアカイア人の国々はすでに崩壊していて、他のギリシア諸種族がそれに取って替っていた。北部ギリシアの山岳地帯からペロポネーソス半島へドーリス人が侵入してきたという報告は、これと関連して考えられる。粗暴な山地居住民が洗練の度を越したアカイア人を圧倒したのである。疑いもなくギリシア的な時代と認められる後代の衣装や器具のほうがはるかに単純で無技巧に見え、特に紀元前一千年紀の初頭における貴金属の細工のしかたに示されている芸術的な才能と技術が、まえの時期よりはるかに劣っているのも、このようにして説明がつくであろう。

シュリーマンの発見によって解明されたこの文化の担《にな》い手が、ギリシアではギリシア人、すなわちアカイア人であったと仮定しても、彼らの領主の居城には東方から強烈な影響が及んでいたにちがいない。そのために、彼らが優勢なオリエントの趣味にほとんど唯々《いい》諾々とのめり込み、国民的特性の意識はまだほとんど目ざめていなかったかのような観を呈するのである。たとえばフェニキアの女神アスタルテーの像が、ミユケーナイの王妃の衣服を飾っていた。おびただしい黄金の装飾がミユケーナイの貴人の衣服の特徴であるが、この金がギリシアの土地から出たものとはとうてい考えられない。むしろ小アジア産であるという可能性が最も濃い。同じく衣服の装飾用として、ガラス溶塊と陶器が使われているが、ガラスと陶器はフェニキアとエジプトの発明で、どちらもギリシアではついに生産されることなく終った。象眼を施した例の貴重な短剣の一つに、川のほとりのパピルスのしげみにかくれて渉禽《しょうきん》を待ち伏せる猫の図がある。この光景はナイル川でしか見ることのできないものであった。そのほかにもギリシア以外の土地を思わせるたくさんの要素があり、それらは出土品の性質しだいで、たとえばフェニキアあるいはエジプトの産物が大量に輸入されたということで説明がつくだけではなく、東方から全般的、支配的な影響が及んでいたことをも示《し》唆《さ》するのだが、そういう要素を手がかりにして、これらの出土品はそもそも、ヘラスがまだカーリア人や小アジアの海岸を故郷とする他の諸民族に占拠されていた、先ギリシア時代のものかもしれないと推定した学者も少なくない。シュリーマンはシュリーマンで、ギリシアがオリエントに依存していた事実を証明するものとして、カドモス、ダナオス、ペロプスら最古のギリシアの王たちがフェニキア、エジプト、プリュギアから移住してきたとする伝説に注目をうながした。

このようにして、ミュケーナイ、ティーリュンス、オルコメノスにおけるシュリーマンの発掘品は、最古のギリシアの史にとってばかりではなく、地中海諸国全般の歴史にとって基本的な意義を有する新たなオリエントの問題を生み出す機縁になった。この時代の記念物を求めて新たな発掘を行えばかならず啓発されるところ多く、われわれはそれによって次のようなことを意識させられる。すなわち、正しい場所で努力を続けることさえできれば、将来はギリシア精神の生成を、はるかホメーロス以前にさかのぼって、おそらくは、ギリシアの諸種族がはじめてギリシアの地に足をふみ入れたはるかな昔まで跡づけることが可能になるであろう、ということである。「ミュケーナイ」期にギリシアの住民がオリエントに強く依存していたことから、今日のわれわれもそうだが、ティーリュンスの発掘を終えた直後のシュリーマンも、東方にもっと近い地点にまずスコップを入れるのを適当と考えた。

晩年（一八八五年―一八九〇年）

かつてのメクレンブルクの商人見習いは、今では、発掘からもどってくると、アテーナイで最も美しい家に住むようになった。少年時代には貧しくて体が弱く、手近の郷土に視野をかぎられ、関心はやむをえず日々のパンにのみ向けられていたのが、今は、自分の手でかち得た莫大《ばくだい》な財産を所有し、常に意のままになる鍛練された体力を享受《きょうじゅ》し、あらゆる国々の人と結んでいた親しい交際関係を続け、ホメーロスの古代に捧《ささ》げた研究を進めながら暮していたのである。彼は独創的な人間であり、遠大な目標をかかげて偉大な成功を収めた確固たる人物ならば常に発散するであろう魅力をふんだんに発散した。一風変った彼の人生行路、その発見の輝かしさは、教養ある世界に深い印象を刻みつけ、彼らを魅惑した。イギリス人、アメリカ人、ドイツ人、あるいはその他どの国の人だろうと、旅行者としてアテーナイにやってきた人は、アクロポリスと各博物館を訪れたあとでシュリーマンのところへも行った。*Ἰλίου Μέλαθρον* とは「イーリオンの小屋」とでも言っておきたいと思うが、彼は妻のソフィアと自分のために建てた家にそういう名をつけた。イーリオンの城に建てたそまつな木造小屋に二人で暮した日々の思い出のためである。フクロウとトロイアの鉤《かぎ》十字で飾ったドアの鉄格子《ごうし》のところで客を迎える召使は、ベレロポーンとテラモーン（訳注　いずれもギリシア神話中の人物）と呼ばれた。階段の踊り場のモザイクにはミュケーナイの装身具が型どられていた。円柱で支えられた階段の間《ま》の壁からは、大きな金文字で記されたホメーロスの詩句が光を放っていた。主人の部屋と仕事部屋と書庫は最上階にあった。前に張り出したロッジアから、背後に夕日を受けて深紅に、金色にふちどられたアテーナイのアクロポリスが見えた。家の主人はここで元気に仕事に取り組んで、新たな発掘を準備するための文通に没頭したり、財産の管理をしたり、古代ギリシアの著作家あるいは古代ギリシアの衣をまとう近代作家を読んだりしていた。ここに入ってくる学者に、彼は自分の一番好きな言葉、すなわち、ホメーロスその他の古代ギリシア著作家の文句からまとめあげたギリシア語で話しかけた。シュリーマンがギリシアを常住の地にえらんだのち、今日のギリシア語をそれほど受け入れることはせずに、むしろ、ホメーロスの世界を独特にねばり強く研究して作りあげた特殊な語法を用いたということは、彼の休息を知らぬ自主性をよく表わしている。こういう会話に入れない人に対しては、その人の祖国の言語を自由自在にあやつった。客の厚遇は古いギリシアの美徳であって、それをシュリーマンはホメーロスから新たに汲《く》み取っていたのであるが、ギリシア人であるソフィア夫人が、今はその点で彼の手助けをした。二人の思い出、二人の理想は一つだった。シュリーマンが豊かな記憶の宝庫からホメーロスの詩句を恍惚《こうこつ》として荘重に朗誦《ろうしょう》すると、夫人は夫がやめたところからあとを引き続いて唱えることができる、というような状況だったのである。

アテーナイで家族——妻およびアンドロマケー、アガメムノーンという二人の子ども——の団欒《だんらん》を楽しむのは、休みなく計画をたて続ける彼にとっては、常に一つの休憩時間にすぎなかった。その間に、始めた仕事を片づけて、また新たな仕事の準備にかかるのだが、それが晩年には多少とも長くなったかもしれない。夏にはたいてい、アテーナイで言うところの「ヨーロッパ」の友人たちや、パリとベルリンにある自分の家へ行った。一八八六年にもなお、キューバにある地所の管理のことで大西洋をわたる必要が生じた。同じ年、彼は数日の予定でロンドンへ旅行した。イギリスの新聞記者が、ティーリュンスは宮殿だという説に異議を唱えるのを使命と感じたのだ。つまりこの記者は、ビザンチン時代に城の廃墟《はいきょ》の中に建てられた教会が宮殿と同時にできたものだという見解をいだいたのである。そしてイギリスの建築学の長老ペンローズを味方につけていたのだった。シュリーマンはデルプフェルトといっしょに、そのために催された会議に出席して、自説を弁明した。明白な事実によってこの専門家に真実を納得させるのは、二人にとってむずかしいことではなかった。シュリーマン自身は、イギリス王立建築学協会から大金牌《だいきんぱい》を授けられるという名誉にあずかった。

一八八六年から八七年にかけての冬に、彼はナイル川の川旅をしていた。骨の折れる仕事にかなり長い間たずさわったあとで——そのときは『イーリオス』と『トロイア』の二冊をまとめてフランス語版を出すのにかかりきりだったのだ——休息したいという欲求に襲われたのである。彼はひとり静かに休息するつもりだった。何よりもエジプトの太古の歴史と記念物が、最古の伝説と歴史に対する彼の空想的な感激にぴったりしていた。フィルヒョーが言うように、「ホメーロスの詩が生れた時代、いや、おそらくトロイアが栄えていた時代にもう、エジプトの文化はすでに数千年の歳月を閲《けみ》しており、この文化の証人が今日なおそのまま残っているという考え——この考えが彼の観察のすべてに入り込んできた」のである。しっかりと覚え込んだエジプト諸王朝の古い年数をそらで言えれば、それでもうれしくてしかたなかった。一八五八年にはじめてエジプトに旅行したとき、船長との契約でひどいぺてんにかけられて、この国の言葉を知らないことをまもなく嘆く結果になったことがある。それで旅行中にアラビア語の習得に没頭して、アラビア文字を覚え込み、わずかのうちに通訳を必要としなくなったばかりか、アラビア語を書くことまで覚え、引き続くシリア旅行ではアラビア語で日記をつけるまでになったのだった。今回の旅では、ギリシア語でくわしい日記を書き、毎日の生活を語っている。彼は穏和な空気の中で胸の病気をなおそうとしてただ一人の従者をお伴につれて行ったが、旅に出てすぐ、その男を小さな村に残さなければならなくなった。それで彼は三カ月間たった一人で、借り切った帆船に乗ってナイル川をルクソルまでさかのぼり、そこから引き返した。アラビア人の船員が唯一《ゆいいつ》の仲間だった。「凪《なぎ》や逆風で船の進行がさまたげられると、ありとあらゆるもめごとが起るが、それでも私の唯一の鬱屈《うつくつ》は」と、彼は書いている。「時間のたつのが早いことである。ほんとうに、たった一人の今ほど時間がたつのが早く感じられたためしはない。それは、私の仕事が多種多様であるためらしい。私は七時に起きて、最上甲板を三十分ぶらぶら歩き、お茶を飲んで卵を三つ食べ、たばこを吸いながらもう一時間歩き回る。すぐそのあとで一時間アラビア語の本を、二時間エウリーピデースを読む。それから朝食をとり、また一時間歩き、さらに四時半まで学術書を読む。そのあと六時まで歩き、夕食をとり、もう一時間半、砂漠を吹き抜けてくるさわやかな風を味わいながら散歩する。寝るまえに日記をつける」彼は日記の中に土地の耕作状況と住民の風習を、生き生きと目に見えるように描写し、目に入った記念物をたいそう良心的に書き記している。それと共に、彼の記録には、これまでも彼にあってある役割を果してきた一面がはっきりと出た。それは彼の夢である。とりわけ、親族が夢に出てくるたびに、彼はそれをくわしく書きとめている。ピラミッドの国への旅行がたいへん気に入って、彼は次の冬にもそれをくり返したが、今度は一人ではなく、友人のフィルヒョーといっしょだった。フィルヒョーが『回想記』(原注『ガルテンラウベ』誌一八九一年、第四、七号参照)に書いておいてくれたおかげで、われわれは、シュリーマンの人柄が砂漠の村のアラブ人にどんな印象を呼び起したかを知ることができる。彼らはこの不思議な白人が自分たちの僧や裁判官と同じように字が読めるだけではなく、書くことまでできるのにすっかり感心した。しかも夜になれば、首長の小屋の前で椰子《やし》の木の下にみんなといっしょにすわり、例の恍惚《こうこつ》とした調子でコーランの諸編を朗誦《ろうしょう》するので、信者は最後に祈りながら頭をさげ、地面にひたいをつけるのだった。

こういう旅から帰ってきたシュリーマンは、新たな企画に立ち向う力が体内にみなぎるのを感じた。彼はヌビアで、ラー・メス大王とその一族が地方諸民族、ヘタ人すなわちヒッタイト人との戦いと、オロンテス河畔《かはん》にあるヒッタイトの町カデシュの攻囲とを描かせた神殿の壁画にすっかり心を奪われたのだった。もうずっとまえから、彼はセイスの著書を読んで、トロイアの文化がこれら諸民族と関係があるにちがいないことに注目していた。しかし、カデシュ発掘の計画は、メソポタミアにペストが発生したために挫折《ざせつ》した。最近数年間に何度も企てた第二の計画、すなわちクレータ島のクノッソス発掘も、同じようにうまくいかなかった。彼はそこに、かつて「ミュケーナイ」文化がオリエントからギリシアへわたるときの仲介をした橋の柱脚が見つかるのではないかと期待したのである。彼はデルプフェルトと共にクレータへ行き、大宮殿の廃墟がティーリュンスの場合と同じようにほとんどあらわになっているのを見て、ギリシア人最初の海の支配者、ミーノース王の城を再び明るみに出せるという見通しをたてた。しかし、地所の購入と、期待される出土品の所有権をめぐる交渉が長びいているうちに、とうとうクレータで暴動が起り、いっさいの企画が不可能になった。シュリーマンのすべての敵のうちで最もその資格のない人々の一人が加えた攻撃がきっかけになって、彼がもう一度愛するトロイアにもどったことは一つの幸運だったと言ってよい。

退役大尉《たいい》ベッティヒャーが、ヒサルリクの廃墟を一度も見ずに、数年前からいくつも論文を書いてトロイアの城は大火葬場にほかならないという説を唱え、シュリーマンの初期の著作から不確かな記載事項をばらばらに援用して、一見もっともらしい根拠を作りあげたのである。彼はシュリーマンとデルプフェルトの二人に対して、実情を誤って解し、誤って述べた、いやそればかりか、古い宮殿が残っているという考えに背馳《はいち》するものを故意に破壊した、と言って非難した。ベッティヒャーは一八八九年夏にパリで開催された人類学会に、このテーマを扱った著書を提出したが、不思議にもこの著作はフランスのすぐれた古代研究者に支持された。シュリーマン自身、この学会に出席していた。ベッティヒャーの本がどんなに人をまどわせるかを見てとると、彼はただちに決心して、遺跡の前で討議しようと、論敵をトロイアの自分の家へ招待すると同時に、かの地で大規模に仕事を再開しようという計画をたてた。そしてまだパリにいるうちに、デルプフェルトに決心を知らせる手紙を書き、その冒頭に「パラス・アテーナー（訳注　アテーナー女神）万歳！」と記した。会議は十二月初旬にヒサルリクで開催され、論敵はなかなか納得しなかったけれども、証人として出席したウィーンのニーマン教授、プロイセン王国陸軍少佐シュテッフェンらの専門家が彼とデルプフェルトの見解を裏づけてくれたので、シュリーマンは満足し、安心した。

それから、フォン・ラドヴィッツ大使の力添えでトルコ政府の許可をもらったのち、翌年の三月一日に、シュリーマンの手で最後のトロイア発掘が再開された。彼はいつも喜んで、スカマンドロス平野を見おろす広々とした台地にもどって行った。彼の感激はここに根ざしているのだし、ここに住みついて彼は土地と住民を知り、住民のほうでも彼を知っていたからである。新たな結果が得られるのではないかという期待もさることながら、このときの彼にとってきわめて重要だったのは、長年にわたる仕事の成果、つまりホメーロスの称《たた》えた場所に城があったという認識が、ベッティヒャーの仮説の再燃などによって疑問視されないようにすることであった。そのため彼にとっては、できるだけ多くの専門学者に発掘地を見せることが必要であった。そもそも最近数年間の彼には、ギリシア人の最古の歴史の研究に自分の仕事がどういう寄与をしたかを、だれにでももっと明確に知ってもらいたいという努力が目立って見えてきていた。だからこそ、ライプツィヒのF・A・ブロックハウス書店のすすめに応じて、自分の行なったすべての発掘とその成果を、カール・シュフハルト博士の手で、全体をよく見通せるよう一冊のすぐれた本にまとめてもらうこともしたのだ。同じような意図で、発掘区域のすぐそばに仮宿泊所が一軒建てられ――じょうだんめかしてシュリーマノポリスと呼ばれた。ここには十四人の友人が泊れた。そこの部屋々々は、最初の月にもう満員になった。というのは、ベッティヒャーが新聞紙上で攻撃を続けたために、シュリーマンは三月末に第二回目のもっと大規模な国際会議を開くことにして、その招待状を出さなければならなかったからである。このときの会議も、シュリーマンとデルプフェルトの見解を異議なく承認することに終った。フィルヒョーもこの会議にきていて、会議終了後、二人はもう一度イーデー山へ骨の折れる騎乗を試みた。この旅の途次、シュリーマンの宿命的な耳疾が容易ならぬものであることがはじめてわかった。両耳の骨が肥厚していて、むずかしい手術を必要とするとフィルヒョーは診断したが、しばらく手術を延期するようにすすめた。その後シュリーマンはときどき難聴を訴えはしたが、六十八歳の彼の元気さを見ては、ほとんど病気とは思えなかった。それほどに発掘と、ほぼ毎週新しくやってくる客の応待にいそがしかったのである。最後の数週間のうちになお、拡張したヒサルリクの居住地に妻と子どもたちのために気持のよい家を用意するのは、彼にとって特別の喜びであった。

シュリーマンとデルプフェルトは仕事の方向づけのために主として二つの課題を定めていたが、まえのときとはちがって、なんのじゃまも入らずにその解決に着手することができた。今度はだれも図面の作成をさまたげたりしなかったからである。その課題とは、いわゆる第二市の清掃をすること、もう一つは、必要とあればこの土地の後代の歴史および下町との接続を確認する目的で第二市の外側で発掘を行うことであった。

二番目に古い町の区域内、もっと正確には城の区域内で作業をしたときに、ヒサルリクの丘に八つないし九つある定住地層のうちのこの一層の中にだけでも、三期にわたる拡張建築が区別できることがわかった。最も内側に寄っており、したがって最も小さい円を描く環状囲壁が、このときはじめて探り出された。その後、城の主人は二度にわたってその円を広げた。そのつど、新しい城壁を前に築いて古いのを覆《おお》い、そうやって城の内部空間を拡大したのである。城壁を築造し、そのたびに門の配置を変えたのと関連して、支配者の宮殿も定期的に新築しなければならなかった。建物は古い基礎壁の上に方向をずらして建てられたから、遺跡の平面図を作ると、網をいくつも上下に重ねたような格好に見える。さしあたり、一番上の網だけがかなりはっきりと際立《きわだ》っている。大きな城門の部屋々々を通過した人は、支配者一家の大きなメガロン（訳注 大広間）が並んでいる前庭に達するまえに、ティーリュンスの場合と同じように、城内の小さな楼門をもう一つ通り抜けなければならなかった。こんなに広大な建物がしじゅうくり返して築かれたり拡張されたりしているという事実から、ダーダネルス海峡にのぞむこの城が経てきた有為転変を、その豊かな歴史一般を、おぼろげながらに感じとることができる。この城は瓦礫《がれき》の下深く埋もれていたから、これまで、その隆盛期が何千年紀にあたるかということさえも定めることができないでいた。われわれは、当時ここに住んでいた種族の名も知らない。シュリーマン自身も、しだいにそれを突きとめることをあきらめるようになった。城の全体像が拡大するにつれて、彼の著書の中でこれらの定住地からの出土品とホメーロスとの関係に触れられることが多少とも稀《まれ》になっていったことは、当然であり、学問的に言って正しいことであった。これらの廃墟《はいきょ》を見るとき、歴史的な関連づけが欠けているために、ある種の味気なさを人あるいは感じるかもしれない。しかし、地中海民族の最古の定住地の形態が他のどこにもないほどの規模でここに認められる可能性が提示されているのだから、その味気なさも十分に埋め合せがつくと言うものであろう。

とはいえトロイアの古代遺物を、もはやこのようにまったく時代もわからず、いっさいの関連を無視したままにとどめておくべきではあるまい。シュリーマンの不屈の努力のおかげで古典の地で解明されるに至った、より古いトロイア文化とミュケーナイ文化という二つの先史時代文化の相互の関係がある程度まで明らかにされたのは、彼の最後の発掘作業がもたらした大きな収穫であった。シュリーマンは、二番目に古い城の環状囲壁の前面を掘らせた。この城壁がかつては何にもさえぎられずにスカマンドロスとシモエイスの谷を見はるかしていたことはたしかである。したがって、その前にある住居跡に最終的には十六メートルの高さに積みあげられた瓦礫は、いわゆる第二市よりも新しいものでなければならなかった。ここの状況については、八十二ページの挿図《そうず》によっておおよそのことがわかるだろう。左手に城壁が見え、その前方右手に、城の没落後にできた瓦礫の壁が盛りあがっている。ローマ時代がこの瓦礫構築の総仕上げをしたのであって、はっきり見てとれるこの時代の城壁が、一番上に出ている。そこから城壁の底部までの間を斜めに横切って、六つの定住地層が跡づけられる。

第二市の滅亡のすぐあとに続く三つの層の住民は、出土品の証明するところでは、例のもっと古い城そのものの住民と同じ程度の、原初的な粗造《あらづく》りの家具を所有していた。

城の破壊後に四度目の集落ができ、瓦礫が八メートルの高さに達して、古い城壁の石造の下部構造がその下に埋もれたときになって、はじめてこの状況が変る。この高さの家々の廃墟から取り出された台所用具は、たいていもっと見かけが洗練されていたのである。こういう進歩の原因は出土品の数そのものから解明できる。出土品の中には二種類の陶器があり、その一つは明色の陶土を使い、豊富に文様を描いた壺で、シュリーマンがはじめミュケーナイで驚くほどたくさん掘り出した、思いがけないほど多種多様の壺とそっくりである。これはまた、のちに地中海海域の方々で出土した。たいていは輸入品であることがはっきりしているが、トロイアでもそうである。というのは、実にたくみに泥を落した陶土とその形態の優美さとで、はるかに数の多い第二種のものとはっきりした対照をなしているからである。第二種のほうがはるかに発達しているが、それでも、もっと深い層から出るトロイア地方産の器ときわめてはっきりした関係を持っている。ミュケーナイの陶器の輸入がトロイアの陶工業に一新紀元を画したと考えてよい。どう見ても、トロイアの最古の住民は、家の中で必要な鉢や壺《つぼ》をも家内労働で女や奴隷《どれい》に造らせたようである。そして、ミュケーナイの壺が点々と出土する集落の時代には、すでに国内での陶工業が発達していたと考えてよいであろうが、陶工の組合は、ろくろをちょっとばかり使った点を除けば、個々の家でも用いることができ事実用いもした、きわめて簡単な技術を一歩も越えはしなかった。ところが、海のかなたから商人が船に乗ってきて、ヘレースポントスの海岸に驚嘆すべき品物を並べて見せ、技術的に完成され、様式の安定したこれらの杯や水差しや壺が、全地中海世界向けに大きな工場で造られているという話をした。これらの品には、完全な技術的補助手段を有するわれわれ現代人も最高の敬意を払わざるをえない。商売がたきが現われて、この土地にも競争が生れた。それで陶土はさらに純粋に堅く加工され、もっと純粋な色彩が重んじられ、容器はいっそう小ざっぱりした好ましい形になり、焼成のしかたも疑いもなく完成され、容器を取り巻く豊かな線装飾が重んじられ、全体を一様にワニスのように光らせることもできるようになった。とはいえ、ミュケーナイの品の持つ優美と、華やかな色彩には到達しえなかった。装飾しようという意欲は、この地方にはなんと言っても昔からわずかしかみられず、その傾向がずっと続いたのだが、それは別として、トロイアの陶工は、ミュケーナイの容器の産地からとれるすぐれた陶土その他の補助手段を持っていなかったのであろう。それはそうとして、彼らはそのころに陶器産業——もっと上層からの出土品の証明するところによればその後五百年以上も存続し、トローアス地方を占拠した紀元前七世紀、六世紀のギリシア人をもなおかついわば支配した、陶器産業の基礎を築いたのである。

壺の破片は考古学の知恵がつまった宝庫である、とシュリーマンは言うのを常とした。しかし、トロイア地方がミュケーナイ時代にとげた飛躍を証明するものは、この破片だけではない。この時期の集落はこれまでのところ、わずか数百平方メートルの狭い土地内に跡づけることができただけだが、それでも、後期ギリシアとローマの建物は別として、これまでヒサルリクの瓦礫《がれき》の山の中に認められたうちで最も堂々たる建築の遺跡がすでに発掘されたのである。デルプフェルトはそこに、厚さ一・六〇メートルの基礎壁を有するメガロンの輪郭を認めた。そのすぐ隣に、礎石の幅が二メートル以上もある第二の建物が接している。こういう大きな建物がいくつもある居住地を、村のようだとは表現しにくい。これと関連して、次のようなシュリーマンの観察にも言及しておく必要があろう。彼はつまり、トロイア平野の最も堂々たる記念物と言うべき大きな墳墓にも、「ミュケーナイ」の陶器と同時にヒサルリクにしばしば現われる単色の陶器が見出される、と言っているのである。となれば、英雄の墓も、トロイアの勇士が活躍するこの第二

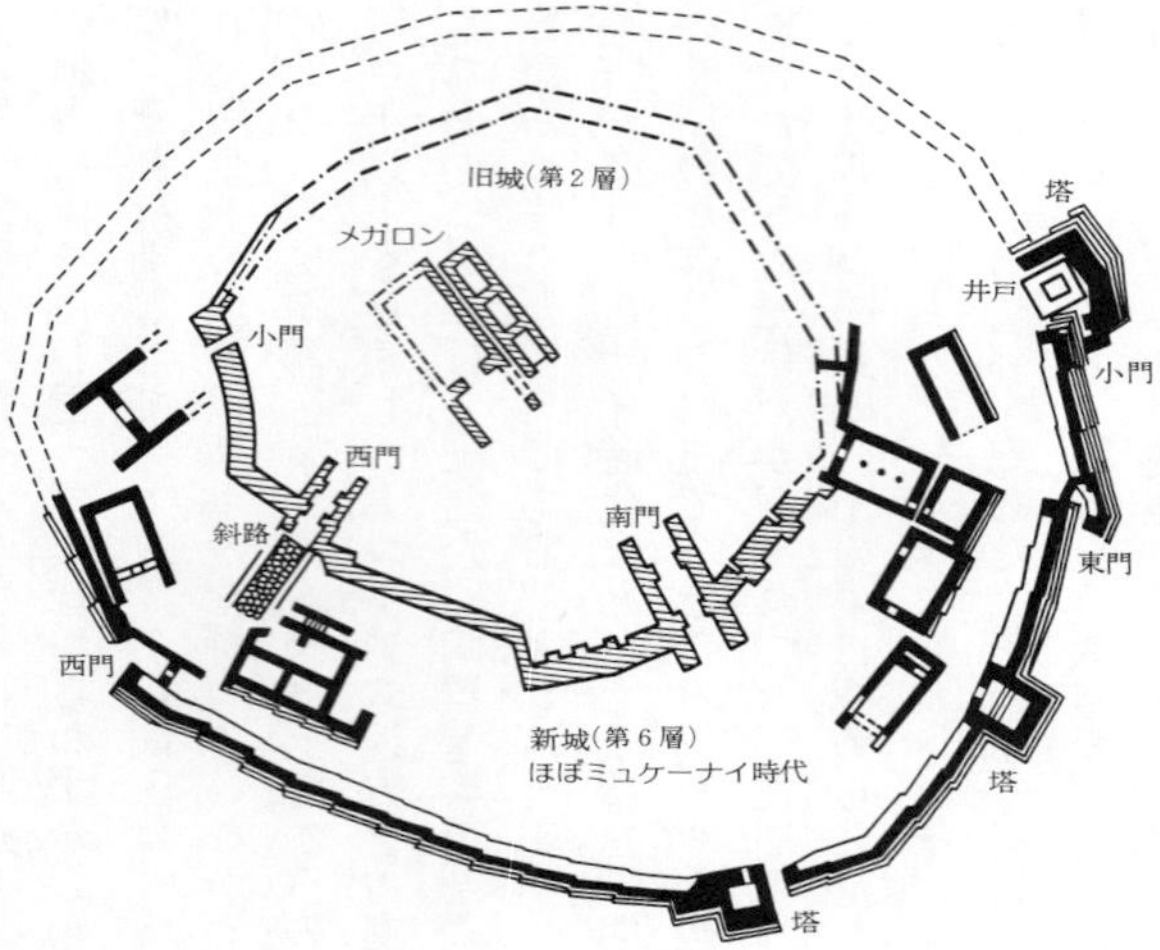

ヒサルリクの平面図
トロイア第2市、紀元前2500～2000年、1871～90年にシュリーマンが発掘。トロイア第6市、紀元前1600～1200年、1893～94年にデルプフェルトが発掘し、ホメーロスの歌ったトロイアと推定。トロイア第2市と第6市のメガロンは、ミュケーナイおよびティーリュンスのものと同じ。

の隆盛期の遺物だということになるのだろうか？

上述の場所に現われた最初のミュケーナイの取っ手付き水差しを、シュリーマンはトロイアの古代遺物の年代測定用として歓迎した。そして、その考えは正しい。もちろんそれが輸入された時期についてはまだかなりの幅がある。エジプトでの最近の発見によれば、紀元前一五〇〇年と一〇〇〇年の間に置かれるべきであろう。以前には常に、出土品がより単純でより原初的であることだけから、「第二市」がミュケーナイとティーリュンスより相当に古い文化を持っていると推論されていたが、それが今はトロイアの層そのものから見てとることができるようになっている。二番目に古い城とミュケーナイ＝トロイアの城との間にはなお、三つの定住期がはさまっているのである。それがどれくらい長い期間なのかは、もっと手がかりが出てこないうちは推測することさえできない。

これまでは丘の周囲で切断しただけで、それ以上の跡づけをしていない環状囲壁がいくつかあり、そのうちの一つは、ミュケーナイ＝トロイアの城に付属するものだろうが、この城と二番目に古い城とは、両方ともギリシア叙事詩の発展の時代よりも、つまりホメーロスよりも古い。それゆえ、次のような疑問が新たに生れてくる。アカイア人に破壊されたプリアモスの町はそのどちらだったのか？　太古の町なのか、それとも、アトレウス一族の居城ミュケーナイで最高に美しく花開いた文化の跡をとどめる町なのか？　シュリーマンはこの疑問の解決を翌年にのばした。しかし死が、この不屈の研究者の努力に終止符を打ったのである。

七月三十一日、暑熱と熱気とのためにヒサルリク滞在が耐えがたくなり始め、シュリーマンはここでの仕事を中止した。彼は翌年の三月一日に発掘を続行しようと考えていた。それでアテーナイに帰り、デルプフェルトと共に短い仮の発掘報告を書き、二、三家庭の用事を片づけ、ドイツで保養する必要のあった妻と子どもたちが無事に帰ってくるのを待ち、その帰宅後まもない十一月十二日に、フィルヒョーのすすめに従って、どうしてもしなければならなくなっていた耳の手術を受けるためにハレのシュヴァルツェ教授のところへ行った。五日間の旅のあと、彼は駅から診察を受けに直行した。翌日にはもう、病的な両耳の骨の肥厚を取り除く手術が行われた。体力の回復を感じると、彼は危険をかえりみず、十二月十二日にハレを去った。健康なときと同じように大急ぎで、ライプツィヒの出版者ブロックハウスを訪ね、それから一日の予定でベルリンのフィルヒョーのところへ行って、民族学博物館で新たに展示されたトロイアでの自分の収集品をいっしょに見、二人で翌年の旅行の計画を練り、十五日にはもうパリにいた。パリでは医者に見てもらわざるをえなくなり、医者は新たに診察に取りかかったが、彼はあらゆる苦痛を無視してわずか数日後にはパリからナポリへ駆り立てられるようにして出かけて行った。ナポリの博物館が新たに手に入れたものとポンペイの最近の発掘を見るつもりだったのである。アテーナイの家族にはじきにもどると知らせてあったが、家族は二十六日に悲しい知らせを受け取った。炎症が耳から脳へ移って、彼はナポリで意識を失ったまま寝ており、医師たちは彼の生命に絶望している、というのであった。それからわずか数時間後に、死去の知らせがきた。

遺体は長年の友人デルプフェルトと、夫人の長兄の手でアテーナイへ運ばれた。未亡人に最初に弔意を表した人々の一人が、シュリーマンにトロイアの出土品を寄贈してもらった国の元首、皇帝ヴィルヘルム二世であった。一月四日の午後、シュリーマンがしばしば老若《ろうにゃく》の友人たちを招いて歓談した自邸の広間に、この偉大な人物の葬儀に列するために弔問客が集まった。棺の頭のところに、彼を感激させて学問的業績をあげる導き役を果したホメーロスの胸像が立っていた。棺は彼の仕事に感謝する人々の手で飾られていた。それはフリードリヒ皇后、ギリシア王家、ベルリン市、アテーナイの諸学術団体、それに多くの友人、知人たちであった。ギリシアのゲオルギオス国王、コンスタンティノス皇太子、各大臣は葬儀に参列して、ギリシア国民が感ぜずにはいられない謝意を表明した。シュリーマンの活動はこの国民の栄誉のために捧《ささ》げられ、その最古の過去が思いがけないやりかたで彼らに明らかにされたのである。こういう感情を、古代遺物総監督官カヴァディアス氏と、ギリシア古代研究の長老、詩人リゾス・ランガベがそれぞれのやりかたで表明した。アメリカ合衆国公使スノードン氏は、アメリカの私人の強靭《きょうじん》で偉大な心情をかくも輝かしく実証してみせた自国の市民をほめ称《たた》えた。シュリーマンの仕事に絶えず協力した忠実な仲間、デルプフェルトは、友人として、またドイツの学術の代表者として、彼にこう呼びかけることができた。安らかに憩《いこ》いたまえ、きみは十分に仕事をし終えたのだ!

こうして、生きているうちは休もうとしなかった彼、シュリーマンは、生前にみずから選定し、E・ツィラー教授の設計によって古代ギリシア様式の墓が建てられた場所で休息している。そして、パルテノンの立つアクロポリスが、ゼウス・オリュムピオスの柱が、青いサロニカ湾が、海のかなたからはミュケーナイとティーリュンスを背後にひかえるアルゴリスの霞《かす》む山なみが、死せる彼にあいさつを送ってくる。

後記

歴史上に位置するシュリーマンの像はゆらいでいて、その点、ほかの偉人たちと軌を一にする。彼の生活と活動を証明する信頼すべき書類はいろいろあるのに、こういう価値評価の転変は今日まであとを引いている。その書類の一群は、彼が発掘の経過を記している彼自身の著作である。彼はその中で出土品を解釈し、当時の古代研究の全体像に組み入れることを試みたのである。これらの著作は今日ではもう、単に考古学の歴史に対する啓発的貢献と、それと共にまた、発掘の結果に関する記載が正確であるかぎりは貴重な資料収集と、見なされているにすぎない。しかし実際はそれだけではなく、シュリーマンの目標設定に関する重要な言葉がそこに含まれ、休みなく活動する人物の一面が浮び出ているのであるが、そのことはたいてい見のがされてしまう。

もう一つの資料は本書、『自伝』である。厳密な意味で自伝と言えるのは第一章だけで、これは『イーリオス』（一八八一年）のまえがきに収めた自分自身と自分の仕事についての物語である。そのときほぼ六十歳になっていたシュリーマンは、一息入れるようにして昔を回顧したのだ。欠乏に苦しみ、商人として、研究者としてさまざまの苦労を重ね、成功に恵まれた人生が、彼の背後に横たわっていた。この古い自伝は、自力で成長した男を尊敬する友人たちへの感謝であり、学問的なきびしさをたてに彼を完全に承認してはならないと思っている人たちに対する、声に出さない抗議であり、とりわけまた、自己の成長の不思議さに驚くことをまだ忘れていない、自意識の強い人間の表現でもある。躍動する言葉から、発見者の幸福と喜びが伝わってくる。この第一章は人間シュリーマンに近づくためのドアを開いてくれるものとしてはまことに適当である。もっと長い第二部は、彼の死後、未亡人の委託を受けた第三者の手で、急死したシュリーマンの最後の計画と、ヒサルリクの丘に積み重なる層に関してなおこれから解明すべきいくつかの疑問とを十分に心得たうえで書かれている。この部分は、仕事にたずさわっている発掘者を、ある種の客観性をもって描いている。このようにして本書は、二部にわたってシュリーマンを、人間としてまた研究者としての二面から述べているのだが、これはこれでよいのである。というのは、ほかならぬシュリーマンの場合には、仕事と人間とを切り離すことができないからである。『自伝』はしばしば誤解された。誤解の主《ぬし》はたいてい、最近数十年間にそれをもととして、通俗的で幾重にも小説的な伝記を書いた著作家たちであった。彼らのうち、深きに目をくばり、人間を理解しようとし、生涯をかけた彼の仕事を正当に評価した人はごくわずかしかいない。たいていは彼の風変りな人生行路しか見ず、彼の発見した黄金の出土品のきらめきに目くらむままにとどまった。貧しい牧師のむすこから富裕な商人へ、小さな第三級生から世界的に有名な研究者へという、対蹠的《たいせき》なものへの成長、北ドイツの故郷と古代との古い伝説に夢をいだく風変りな傾向、すばらしい語学の才能、その他さまざまの特性はしばしば過大に評価された。彼の造形的な想像力、ホメーロスの描くトロイア城前面での戦いが現実にあったことを熱狂的に信ずる心は、彼の人柄の全体像を形成する原動力として評価されるよりは、むしろひたすら感嘆された。トロイアとミュケーナイで途方もない黄金の財宝を発見したというような付随状況が主要問題と化したのである。それに反して、しばしば数カ月にわたる発掘作業によってようやくかち得られた認識——出土品層の分類や輪郭の形態、城壁の残骸《ざんがい》の確定などに関する認識は、後景にしりぞいた。このような重点の移動のために、彼はついに宝掘りというレッテルを貼《は》られたばかりか、「宝捜し」とまで言われた。それは、理想のために一身を犠牲にする精神を理解しない考えかたから出ている。この観点からのみシュリーマンを見る人は、彼を完全に見そこない、生涯をかけた彼の業績の価値を否定することになる。彼は、国民および郷土と密接につながっていたのに、その点を誤解されて、結局は根なしの世界旅行家におとしめられたのだ。今ここで彼を善悪の彼岸に立つ英雄に仕立てあげるつもりはないが、一方では、彼の人物にそなわっている真に偉大な面と、彼の仕事のうちの永続的な部分とを見てとって、その価値を認める必要がある。そのためには『自伝』を再読し、他者の仲介によらずに自分の目で、真のシュリーマンに近づく道を捜さなければならない。

『自伝』のほかに、誤解の余地のないシュリーマン研究の第三の資料が、最近明らかにされた。それは書簡集で、三冊に編集されて今われわれの前に置かれている（『ハインリヒ・シュリーマンの手紙』一九三六年刊と、『ハインリヒ・シュリーマン往復書簡集』第一巻〔一八四二年―一八七五年〕一九五三年刊、同第二巻〔一八七六年―一八九〇年〕一九五八年刊、両巻ともエルンスト・マイヤーの編集）。この自己証言の中に、シュリーマンが商人として、またとりわけ研究者としてどのように計画し、実現し、努力し、過《あやま》ちを犯したかが、はじめて完全に、ありのままに明らかにされている。いつわらぬ彼の姿がじかにわれわれにせまってくるのである。それに従えば、彼に対する在来の判断は、些細《ささい》な点でだけではなく、根本的なことに関しても改められなければならない。彼が黄金のために発掘したという証拠はどこにも見あたらないのである。

シュリーマンの伝記はわずかの例外を除いて、やたらにほめちぎったり、仮借ない物質主義者におとしめたりして、『自伝』や、また最近は彼の手紙を材料に不正確なシュリーマン像を作りあげているが、これらの伝記類のほかに、もう一つ別のグループがあり、そこでくだされる判断のほうが、発掘者の価値評価にとってはるかに重要である。そのグループとは、専門家の批判である。彼らは、シュリーマンの大ざっぱな発掘のしかたを拒否し、彼が大胆な解釈を試みたこと、また最初の数冊の著書が形をととのえていないこと、に批判を加えた。彼が三年間トロイアで発掘を続けて、巨大な城壁の跡と家の礎石とを明るみに出し、黄金の財宝を発見したあとで、伝説的なトロイア王プリアモスの古い砦《とりで》を発見したと世間に向って主張したとき、この批判は熱狂家にとって痛烈な一撃となった。それゆえに彼は、言葉と文書で自分のイデーのために戦う闘士となった。しかし、とりわけドイツの学界が彼に対して批判的な態度保留をしたことも理解してやらなければならない。彼らにとって重要なのは事実だけであって、想像はいっさい拒否されたのだ。ドイツ帝国のオリュムピア発掘以後のことではあるが、スコップによる学問は確固たる方法を用いるようになり、その方法はまず第一に建築学上の遺跡の解明に向けられた。きわめて綿密な細かい仕事、鋭い個々の観察、正確な測量はすでに自明のことになっていた。

それに反してシュリーマンは最初、大まかな強引さで仕事に取りかかり、たとえば城のある丘全体をつらぬいて、幅の広い壕《ごう》を掘った。それは今日なお、干《ひ》あがった川床のように、ぽっかりと深く口を開いている。彼はおさえがたい衝動に駆られて岩盤へ掘り進み、そこにホメーロスの歌ったトロイアを捜し求めた。その際、大量の瓦礫《がれき》を上層から取り除き、最初の数年はまるで土木工事人のように、城壁の跡や道具や容器などの出土品よりは、掘り出した土の量で、なしとげた仕事をはかった。そのために破壊的な結果になったこともしばしばある。各層の意義については、彼は最初はまだ見る目を持たなかった。そのうえ、発掘の結果に空想豊かな解釈を施したために、専門の学者の目には彼の仕事が無価値にうつった。

しかし、このような非方法論的な発掘のしかたと、彼の犯したさまざまの過ちに気をとられて、批判者は彼のあげたほんとうの業績を評価する目を曇らされた。彼が素人《しろうと》の出身であり、独学で準備を始めたという事実がいつも彼の前に突きつけられ、しばしば称賛の意味でではなく、いつまでも彼につきまとった。しかも、官庁や国立の研究所の援助を受けずに自分の金で、それも最初は学界の協力なしに発掘を行なったこの私人が、専門学の重要な理論を引っくり返したのである。彼は大多数の考古学者の意見とはちがって、ダーダネルス海峡の入口から南へ一時間ほど離れたヒサルリクの丘の上にトロイアがあったことを実証した。学者たちはもっとずっと南にある、ピナルバシという突出した山の上にトロイアを捜し求めたのである。彼は支配的な教義に反し、ギリシアの旅行記作者パウサニアースの本文を自分勝手に解釈して、ミュケーナイの竪穴《たてあな》を発見した。彼は学説にしばられず、専門学の伝統にわずらわされなかった。不完全な発掘技術に伴うあらゆる欠点をそなえ、専門知識と言えば穴だらけのアウトサイダーであった。しかしこれらの欠陥を予知の眼力で埋め合せて、さまざまの問題の核心をとらえ、必要な証拠物件を瓦礫の中から明るみに出したのである。

すでに仕事の出発点からして、支配的な美術考古学とは対立していた。この学問は古典文献学とまったく同じように、なおラッハマンを祖とする強烈なホメーロス批判の影響下にあって、叙事詩が一人の創造的詩人によって書かれ、すべての伝説、したがってまた古代の伝説にも歴史的な核がある、という考えを放棄してしまっていた。歴史家はトロイア前面で行われた戦闘の舞台について勝手な想像をめぐらし、文献学者は原典批判をしてホメーロスの詩をばらばらに引きちぎり、古い個所と新しい個所、ほんものとにせものを区別して、絶えず変転する像を作りあげた。さらに考古学者はまだ古典芸術にすっかり心を奪われていて、トロイアに自分の課題はないと考えていた。しかしシュリーマンにとっては、ホメーロスは歴史上の偉人であった。彼の出発点でもあれば導きの星でもあったのは、ホメーロスの描写が歴史的事実だったという不動の信念である。この信念は、ほとんど二十年間にわたる彼の努力と戦いに際して、尽きることのない精力の泉であったが、新たな事象を直視する必要があるときには障害にもなった。彼は本質的には結局、非学問的な頭脳の持主だった。彼は「トロイア」という目標を、内面の目からヒサルリクの丘に投影した。ちょうど彫刻家が石塊の中に自分のモデルを見て、そのあとでそれを石の中から取り出すようなものである。彼は冷静に検討する必要がある場所で盲信し、批判のふさわしい場所で空想をはびこらせた。彼は、自己を放棄するまでに客観的に、自分の仕事の背後につつましく身を隠すドイツの学者のタイプではなかったのである。しかし、学問的な活動に伴って出てくるさまざまの技術的な要求をも満足させるために、自分の性格と教育に根ざす欠陥を埋め合すことでは、彼らと同じように誠実に努力し、ヴィルヘルム・デルプフェルトのすぐれた能力、ルードルフ・フィルヒョーの分別ある助言、ベルリンの国立博物館総裁リヒァルト・シェーネの豊かな経験に導かれて進んだ。

またシュリーマンは、その目標設定によって専門の考古学とははじめから対立した。すでに一八七一年の最初の発掘のときに、まるで綱領のようにはっきりと強調しているが、同じことを十二年後に著書『トロイア』の中でくり返しこう述べている。「私の要求はきわめてつつましい。私は造形美術品を見つけようという期待を持っているわけではないのだ。私の発掘の唯一《ゆいいつ》の目的は、はじめから、トロイアの都を発見することだけであった。……発掘作業によって紀元前の時代の最も深い闇《やみ》の中に突き進み、偉大なヘラスの民の最古の歴史の興味ある面を二、三明らかにして学問に貢献することができさえすれば……」彼はこうして古代学にまったく新しい課題を提出すると同時に、この学問活動の目ざす目的に関して新しい解釈を打ちたてるための主導者となった。そしてこれによって、狭くかぎられた古典的な範囲内でむしろ美術史的な方向を持つ遺物研究を行なっていた古代学の仕事を歴史の大きな枠《わく》の中に組み込もうという方向転換に、重大な貢献をしたのである。シュリーマンは、スコップによる学問を補助手段として、歴史研究全体の動きに組み入れているが、これはのちにとりわけテーオドール・ヴィーガントが定式化し、実行した方式である。近東における近代のドイツの発掘（プリエーネー、ミーレートス、ペルガモス等々での）は、発見された文化ドキュメントを空間的な広がりと時間的な深さによって整理し、発掘地の全体像を浮びあがらせようとする、シュリーマンのこの先駆的な根本思想を、直線的に受け継いでいる。われわれ自身の民族の歴史を知るために行われている土地調査も、まず第一に文化のあった地と歴史的な諸関係とを発掘によって明らかにしようとしたシュリーマンの見解に、はじめから近かった。歴史研究という高い見地から、すでに数十年まえ、カール・シュフハルトと並んでとりわけエドゥアルト・マイヤーが、その著『古代の歴史』でシュリーマンの仕事を諸民族間の交渉全体と関連させて見、彼の仕事のしかたを承認している。

彼がトロイアのあった場所のみにとどまらず、ホメーロスの伝説圏に属する他の土地、すなわちギリシアのティーリュンスおよびミュケーナイの王城をも発掘し、クレータのクノッソスに手をのばしたばかりか、ヒッタイト人とエジプト人の文化にまで連絡線を引いたことも、同一線上にある。結局彼の関心事は地中海文化全体だったからである。実に彼の視野は、比較観察をしながら、古代イタリアへ、そしてまた、アルプスの北、スカンディナヴィアにまで及ぶ地域内のケルト文化、ゲルマン文化の初期段階に広がっていったのだ。この後記の筆者は、旅行と発掘に関する数万通の手紙と多数の日記から成る彼の遺稿を整理していて、研究者としての彼の仕事がその時代としては未曾有《みぞう》の広範囲にわたり、多様性を発揮していることに強い印象を受けた。

彼が考古学と共有するところは、厳密に言えば、最初は発掘の仕事だけであった。というのは、彼は考古学と同様、スコップで土地調査を行なったからだが、ただし目標設定はちがっていた。つまり彼は、考えられるかぎり最も古い証拠物件を地中から掘り出して、それを文献と共に諸民族、特に古代ギリシア人の歴史を明らかにする資料として利用することを目標にしたのである。そのため、最初は欠陥の多かった彼の発掘技術に対して、考古学者が批判者として登場し、その後になってから、彼が出土品に非学問的な解釈を施したために、文献学者と歴史家が戦列に加わった。彼の研究が目ざす高い目標を認識した人は、最初はごく少数にすぎなかった。そしてその少数者はたいてい、当時発展途上にあった先史学の諸系列から出てきた。この学問に、ドイツではルードルフ・フィルヒョーが使命を指示し、学問的な水準の高さを確保し、組織的なまとまりを作りあげた。シュリーマンがまずヨーロッパの指導的な先史学者たちとの交際を求め、理解され激励されたことは、偶然でもなければ、専門の古代研究の学問的なきびしさから逃れようとする行動でもなく、内的な連帯感と、同じ目標設定とから生れているのである。この点から見ると、フィルヒョーとの友情は個人的なものを越えてはじめて完全に生きてくる。

時間と空間の両方にわたって広がっていたこの枠《わく》を前にすれば、ホメーロスのトロイアがはるか外の方の城山のへりにあり、彼の発見した「焼けたプリアモスの町」よりも部分的には下だったために彼が掘りあてそこねた、などと言ってみてもあまりたいした意味はない。彼が、ヒサルリクの丘には九つの定住地層があるという、のちにヴィルヘルム・デルプフェルトによって獲得された認識の先覚者であったことに変りはないのである。彼が、みずから「先史の」研究と呼んだ少年時代の目標をこのように追求した結果が、ほぼ二千年にわたるギリシア初期の歴史の解明につながったのだ。彼はホメーロスを信じ、『イーリアス』および『オデュッセイア』におけるその描写が事実に基づいていると信じたが、いろいろと取り沙汰《ざた》されたその信念は、伝説と歴史の本質に関して彼のいだく包括的な根本思想の一つの結果にすぎない。彼はこの見解によって、また発掘の成果によって、一世紀以上ものあいだ正しいとされてきたF・A・ヴォルフとK・ラッハマンの学説を克服した。この学者たちは、ホメーロスの叙事詩をもニーベルンゲンの歌をも、単なる詩人の空想の所産と見なしたのである。そしてそのほかに、永続的な価値を有する彼の偉大な業績がもう一つあり、時代と結びついた批判は、その前にしだいに声をひそめるに至っている。スコップによる専門学はその間《かん》に、自然のままの土壌にまで及ぶ彼の深層発掘の方法を受け継いで、今では発掘の行われるところではどこででも、自明のこととしてその方法を用いている。彼は「破片」、すなわち芸術的、日常的な陶器の断片を、時代決定のための最も信頼すべき資料と考えたために、生前にはさんざん嘲笑《ちょうしょう》された。しかし世紀の変り目以後、それはいたるところで、発掘地の年代を知るのにどうしても必要な前提と認められている。考古学は徐々に変化し、目標をさらに遠くに定めて、シュリーマンの歴史的な問題提起をわがものとし、それによって彼に対する理解をさらに深めた。遠くから見れば高くそびえる山々しか見わけられないように、七十年以上の年月をへだてた今、考古学の目には彼の生涯の偉大な業績のみがうつり、彼のやりかたの欠陥はその前に色あせてしまっている。

こういう業績を残した人、シュリーマンは、商人として研究者としてのその全体像を見なければならない。彼は独特な生の表現のしかたをし、偉大な人にのみ許される一面性を持ち、ただ一つの主目標にすべてを集中した。意志は強固で、自己をかえりみることなく最後まで全力を傾注した。というのは、彼は最もよい意味で自分のイデーに取りつかれていて、そのために妥協することなく戦い続けたからである。彼はその生れ育った地方と家系とから理解されなければならない。彼の家系には、商人と牧師という二元性が古い祖先の時代からはっきりと刻みつけられていたのである。メクレンブルク地方の堅実とハンザ商人の精神とが彼の人生を形造り、彼は故郷としっかりつながっていると同時に、世界をわたり歩き、はるかな国への強烈な衝動に駆られると共に、生れた国への深い憧憬《どうけい》をいだき続けた。学問的な認識を求める戦いに身を焼き尽したこの意志強固な人に対して、われわれはその真価を認めるにやぶさかではない。そのことは、とりわけ、『自伝』のこの新版にも現われていると言ってよい。

ベルリンにて、一九六〇年十二月

エルンスト・マイヤー

訳者のあとがき

本書『古代への情熱』は、Heinrich Schliemann, Selbstbiographie bis zu seinem Tode vervollständigt 1892 の全訳である。直訳すれば「死までを補完した自叙伝」ということになろうか。補完の経緯《いきさつ》は、シュリーマン夫人ソフィアの手に成る「初版のまえがき」に明らかにされている。ブロックハウス書店主F・A・ブロックハウスの発議により、シュリーマンの友人アルフレート・ブリュックナーが、シュリーマンの著書『イーリオス』(一八八一年)にのせられた自叙伝をはじめに据え(この部分は全体の四分の一足らずしかない)、あとは適宜彼の文章をはさんで、その後の彼の発掘活動を、その死に至るまで叙述しているのである。

ハインリヒ・シュリーマンは一八二二年一月六日にメクレンブルクのノイブコーに生れ、一八九〇年十二月二十六日、六十八歳でナポリに客死した。その幼少年時代と商人としての成功、さらに発掘にとりかかるまでの半生は、この書に、彼自身の筆によって述べられているのだし、なかでも、語学の才能とホメーロスに取りつかれるくだりは、すでにあまりに有名であるから、今さら私が喋々《ちょうちょう》するにも及ぶまい。

ただ、問題は、考古学者としてのシュリーマンの、現代における位置づけということになるだろうが、それについては、幸いにも本書の編者エルンスト・マイヤーの手に成る「第九版のまえがき」と「後記」がある。ことに「後記」はかなり長く、力がこもっていて、この点に関する読者の好奇心を満たしてくれるのではないかと思う。しろうとである訳者があえて口を出さないゆえんである。

本書には私の知るかぎりすでに、村田数之亮《かずのすけ》氏訳（岩波文庫）、立川洋三氏訳（平凡社教養全集）、佐藤牧夫氏訳（角川文庫）の三種類があり、翻訳にあたって適宜参照させていただいたが、私の拠《よ》った版が第九版で最も新しく、「第九版のまえがき」と「後記」は、前記の三つの訳書にはのせられていない。この点にも、今また新しい訳書を出す意味があろうかと考える。

なお、「古代への情熱」という標題は原著にはないもので、村田数之亮氏による命名であろうと思われるため、私としては避けたかったのだが、すでにこの書名は定着してしまっていて変えがたいという新潮文庫編集部の意見に従うことになった。

この翻訳の前半は、友人徳武邦男氏の好意あるご助力を得た。厚く御礼を申しあげたい。なお、ギリシア語、ラテン語の固有名詞表記は、高津春繁《こうづはるしげ》著『ギリシア・ローマ神話辞典』に拠り、原書にある索引は割愛したことを申し添えておく。

一九七七年五月

関　楠　生

A・M・リンドバーグ
吉田健一訳
海からの贈物
現代人の直面する重要な問題を平凡な日常生活の中から取出し、語りかけた対話。極度に合理化された文明社会への静かな批判の書。

ルナール
岸田国士訳
博物誌
澄みきった大気のなかで味わう大自然との交感——真実を探究しようとする鋭い眼差と、動植物への深い愛情から生み出された65編。

I・アシモフ
星新一編訳
アシモフの雑学コレクション
地球のことから、動物、歴史、文学、人の死に様まで、アシモフと星新一が厳選して、驚きの世界にあなたを誘う不思議な事実の数々。

R・カーソン
青樹簗一訳
沈黙の春
自然を破壊し人体を蝕む化学薬品の浸透……現代人に自然の尊さを思い起させ、自然保護と化学公害告発の先駆となった世界的名著。

J・ロンドン
白石佑光訳
白い牙
四分の一だけ犬の血をひいて、北国の荒野に生れた一匹のオオカミと人間の交流を描写し、人間社会への痛烈な諷刺をこめた動物文学。

D・ウィリアムズ
河野万里子訳
自閉症だったわたしへ
いじめられ傷つき苦しみ続けた少女は、居場所を求める孤独な旅路の果てに、ついに「生きる力」を取り戻した。苛酷で鮮烈な魂の記録。

フロイト
高橋義孝訳
夢判断（上・下）
日常生活において無意識に抑圧されている欲求と夢との関係を分析、実例を示して詳しく解説することによって人間心理を探る名著。

フロイト
高橋義孝
下坂幸三訳
精神分析入門（上・下）
自由連想という画期的方法による精神分析の創始者がウィーン大学で行なった講義の記録。フロイト理論を理解するために絶好の手引き。

プラトーン
田中美知太郎
池田美恵訳
ソークラテースの弁明・クリトーン・パイドーン
不敬の罪を負って法廷に立つ師の弁明「ソークラテースの弁明」。脱獄の勧めを退けて国法に従う師を描く「クリトーン」など三名著。

プラトーン
森進一訳
饗宴
酒席の仲間たちが愛の神エロースを讃美する即興演説を行い、肉体的愛から、美のイデアの愛を謳う……。プラトーン対話の最高傑作。

フルトヴェングラー
芳賀檀訳
音と言葉
ベルリン・フィルやヴィーン・フィルでの名演奏によって今や神話的存在にまでなった大指揮者が〈音楽〉について語った感銘深い評論。

ヘッセ
高橋健二訳
幸福論
多くの危機を超えて静かな晩年を迎えたヘッセの随想と小品。はぐれ者のからすにアウトサイダーの人生を見る「小がらす」など14編。

ボーヴォワール
青柳瑞穂訳

人間について

あらゆる既成概念を洗い落して、人間の根本問題を捉えた実存主義の人間論。古今の歴史や文学から豊富な例をひいて平易に解説する。

ヤスパース
草薙正夫訳

哲学入門

哲学は単なる理論や体系であってはならない。実存哲学の第一人者が多年の思索の結晶と、〈哲学すること〉の意義を平易に説いた名著。

リルケ
高安国世訳

若き詩人への手紙・若き女性への手紙

精神的苦悩に直面している青年に、苛酷な生活を強いられている若い女性に、孤独の詩人リルケが深い共感をこめながら送った書簡集。

中里京子訳

チャップリン自伝
―若き日々―

どん底のロンドンから栄光のハリウッドへ。少年はいかにして喜劇王になっていったか？感動に満ちた前半生の、没後40年記念新訳！

カミュ
大久保敏彦
窪田啓作訳

転落・追放と王国

暗いオランダの風土を舞台に、過去という楽園から現在の孤独地獄に転落したクラマンスの懊悩を捉えた「転落」と「追放と王国」を併録。

カミュ・サルトル他
佐藤朔訳

革命か反抗か

人間はいかにして「歴史を生きる」ことができるか――鋭く対立するサルトルとカミュの間にたたかわされた、存在の根本に迫る論争。

ゲーテ
高橋義孝訳
若きウェルテルの悩み
ゲーテ自身の絶望的な恋の体験を作品化した書簡体小説。許婚者のいる女性ロッテを恋したウェルテルの苦悩と煩悶を描く古典的名作。

ゲーテ
高橋義孝訳
ファウスト（一・二）
悪魔メフィストーフェレスと魂を賭けた契約をして、充たされた人生を体験しつくそうとするファウスト——文豪が生涯をかけた大作。

高橋健二訳
ゲーテ詩集
人間性への深い信頼に支えられ、世界文学史上に不滅の名をとどめるゲーテの、抒情詩を中心に代表的な作品を年代順に選んだ詩集。

高橋健二編訳
ゲーテ格言集
偉大な文豪であり、人間的な魅力にもあふれるゲーテ。深い知性と愛情に裏付けられた言葉の宝庫から親しみやすい警句、格言を収集。

T・マン
高橋義孝訳
トニオ・クレーゲル
ヴェニスに死す
ノーベル文学賞受賞
美と倫理、感性と理性、感情と思想のように相反する二つの力の板ばさみになった芸術家の苦悩と、芸術を求める生を描く初期作品集。

T・マン
高橋義孝訳
魔の山（上・下）
死と病苦、無為と頽廃の支配する高原療養所で療養する青年カストルプの体験を通して、生と死の谷間を彷徨する人々の苦闘を描く。

シェイクスピア
福田恆存訳
ジュリアス・シーザー
政治の理想に忠実であろうと、ローマの君主シーザーを刺したブルータス。それを弾劾するアントニーの演説は、ローマを動揺させた。

シェイクスピア
福田恆存訳
アントニーとクレオパトラ
シーザー亡きあと、ローマ帝国独裁の野望を秘めながら、エジプトの女王クレオパトラと恋におちたアントニー。情熱にみちた悲劇。

シェイクスピア
福田恆存訳
リチャード三世
あらゆる権謀術数を駆使して王位を狙う魔性の君主リチャード——薔薇戦争を背景に偽善と偽悪をこえた近代的悪人像を確立した史劇。

シェイクスピア
福田恆存訳
マクベス
三人の魔女の奇妙な予言と妻の教唆によってダンカン王を殺し即位したマクベスの非業の死！　緊迫感にみちたシェイクスピア悲劇。

シェイクスピア
福田恆存訳
リア王
純真な末娘より、二人の姉娘の甘言を信じ、すべての権力と財産を引渡したリア王は、やがて裏切られ嵐の荒野へと放逐される……。

シェイクスピア
福田恆存訳
オセロー
イアーゴーの奸計によって、嫉妬のあまり妻を殺した武将オセローの残酷な宿命を、鋭い警句に富むせりふで描く四大悲劇中の傑作。